DIREITO DO TRABALHO NO STF

21

GEORGENOR DE SOUSA FRANCO FILHO

Desembargador do Trabalho de carreira do Tribunal Regional do Trabalho da 8ª Região. Doutor em Direito pela Faculdade de Direito da Universidade de São Paulo. Doutor *Honoris Causa* e Professor Titular de Direito Internacional e de Direito do Trabalho da Universidade da Amazônia. Presidente Honorário da Academia Brasileira de Direito do Trabalho. Membro da Academia Paraense de Letras.

DIREITO DO TRABALHO NO STF

21

LTr

LTr EDITORA LTDA.

© Todos os direitos reservados

Rua Jaguaribe, 571
CEP 01224-003
São Paulo, SP — Brasil
Fone (11) 2167-1101
www.ltr.com.br
Maio, 2018

Produção Gráfica e Editoração Eletrônica: GRAPHIEN DIAGRAMAÇÃO E ARTE
Projeto de Capa: FABIO GIGLIO
Impressão: FORMA CERTA

versão impressa — LTr 5971.6 — ISBN 978-85-361-9574-2
versão digital — LTr 9377.8 — ISBN 978-85-361-9695-4

Dados Internacionais de Catalogação na Publicação (CIP)
(Câmara Brasileira do Livro, SP, Brasil)

Franco Filho, Georgenor de Sousa
  Direito do trabalho no STF, 21 / Georgenor de Sousa Franco Filho. — São Paulo : LTr, 2018.

  Bibliografia

  1. Brasil. Supremo Tribunal Federal 2. Direito do trabalho 3. Direito do trabalho — Brasil. I. Título.

18-13127   CDU-34:331:347.991(81)

Índices para catálogo sistemático:
1. Brasil : Direito do trabalho : Supremo Tribunal Federal   34:331:347.991(81)

PRINCIPAIS OBRAS DO AUTOR

De autoria exclusiva
1. *Direito do mar.* Belém: Imprensa Oficial do Estado do Pará, 1974 (esgotado).
2. *A proteção internacional aos direitos humanos.* Belém: Imprensa Oficial do Estado do Pará, 1975 (esgotado).
3. *O pacto amazônico:* ideias e conceitos. Belém: Falângola, 1979 (esgotado).
4. *Imunidade de jurisdição trabalhista dos entes de direito internacional público* (Prêmio "Oscar Saraiva" do Tribunal Superior do Trabalho). São Paulo: LTr, 1986 (esgotado).
5. *Na vivência do direito internacional.* Belém: Cejup, 1987 (esgotado).
6. *Na Academia:* imortal por destino. Mosaico cultural (em colaboração). Belém: Falângola, 1987 (esgotado).
7. *Guia prático do trabalho doméstico.* Belém: Cejup, 1989 (esgotado).
8. *A arbitragem e os conflitos coletivos de trabalho no Brasil.* São Paulo: LTr, 1990 (esgotado).
9. *Liberdade sindical e direito de greve no direito comparado (lineamentos).* São Paulo: LTr, 1992 (esgotado).
10. *Relações de trabalho na Pan-Amazônia: a circulação de trabalhadores* (Tese de Doutorado na Faculdade de Direito da Universidade de São Paulo). São Paulo: LTr, 1996. (esgotado)
11. *A nova lei de arbitragem e as relações de trabalho.* São Paulo: LTr, 1997 (esgotado).
12. *Globalização & desemprego:* mudanças nas relações de trabalho. São Paulo: LTr, 1998 (esgotado).
13. *Direito do trabalho no STF (1).* São Paulo: LTr, 1998.
14. *Competência Internacional da Justiça do Trabalho.* São Paulo: LTr, 1998.
15. *O servidor público e a reforma administrativa.* São Paulo: LTr, 1998.
16. *Direito do trabalho no STF (2).* São Paulo: LTr, 1999.
17. *Tratados internacionais.* São Paulo: LTr, 1999.
18. *Direito do trabalho no STF (3).* São Paulo: LTr, 2000.
19. *Globalização do trabalho:* rua sem saída. São Paulo: LTr, 2001.
20. *Direito do trabalho no STF (4).* São Paulo: LTr, 2001.
21. *Direito do trabalho no STF (5).* São Paulo: LTr, 2002.
22. *Direito do trabalho no STF (6).* São Paulo: LTr, 2003.
23. *Direito do trabalho no STF (7).* São Paulo: LTr, 2004.
24. *Ética, direito & justiça.* São Paulo: LTr, 2004.
25. *Direito do trabalho no STF (8).* São Paulo: LTr, 2005.
26. *Direito do trabalho no STF (9).* São Paulo: LTr, 2006.
27. *Trabalho na Amazônia:* a questão dos migrantes. Belém: Unama, 2006.
28. *Direito do trabalho no STF (10).* São Paulo: LTr, 2007.

29. *Direito do trabalho no STF (11).* São Paulo: LTr, 2008.
30. *Direito do trabalho no STF (12).* São Paulo: LTr, 2009.
31. *Avaliando o direito do trabalho.* São Paulo: LTr, 2010.
32. *Direito do trabalho no STF (13).* São Paulo: LTr, 2010.
33. *Direito do trabalho no STF (14).* São Paulo: LTr, 2011.
34. *Direito do trabalho no STF (15).* São Paulo: LTr, 2012.
35. *Direito do trabalho no STF (16).* São Paulo: LTr, 2013.
36. *Direito do trabalho no STF (17).* São Paulo: LTr, 2014.
37. *Curso de direito do trabalho.* São Paulo: LTr, 2015. 2ª ed., 2016. 3ª ed., 2017.
38. *Direito do trabalho no STF (18).* São Paulo: LTr, 2015.
39. *Direito do trabalho no STF (19).* São Paulo: LTr, 2016.
40. *Intimidade e privacidade do trabalhador (Direito internacional e comparado).* São Paulo: LTr, 2016.
41. *Direito do trabalho no STF (20).* São Paulo: LTr, 2017.
42. *Curso de direito do trabalho.* 3. ed. São Paulo: LTr, 2017.
43. *Reforma trabalhista em pontos.* São Paulo, LTr, 2018.
44. *Curso de direito do trabalho.* 4. Ed. São Paulo: LTr, 2018.

Obras coordenadas

1. *Direito do trabalho e a nova ordem constitucional.* São Paulo: LTr, 1991. Da distinção entre atos de império e de gestão e seus reflexos sobre os contratos de trabalho celebrados com entes de Direito Internacional Público. p. 29-54 — sem ISBN.
2. *Curso de direito coletivo do trabalho (Estudos em homenagem ao Ministro Orlando Teixeira da Costa).* São Paulo: LTr, 1998. Negociação coletiva transnacional. p. 291-307 — ISBN 85-7322-366-9.
3. *Presente e futuro das relações de trabalho (Estudos em homenagem ao Prof. Roberto Araújo de Oliveira Santos).* São Paulo: LTr, 2000. Globalização, a Amazônia e as relações de trabalho. p. 242-257 — ISBN 85-7322-858X.
4. *Direito e processo do trabalho em transformação* (em conjunto com os Ministros Ives Gandra da Silva Martins Filho e Maria Cristina Irigoyen Peduzzi e os Drs. Ney Prado e Simone Lahorgue Nunes). São Paulo: Campus/Elsevier, 2007. Relações de trabalho passíveis de apreciação pela Justiça do Trabalho. p. 145-155 — ISBN 978-85-352-2432-0.
5. *Trabalho da mulher (Estudos em homenagem à jurista Alice Monteiro de Barros).* São Paulo: LTr, 2009. Contratos de trabalho por prazo determinado e garantia de emprego da gestante. p. 177-184. ISBN 978-85-361-1364-7.
6. *Temas atuais de direito.* Rio de Janeiro, GZ, 2013. Deslocalização interna e internacional, p. 29-38. ISBN 978-85-62027-21-5.
7. *As lendas da Amazônia e o direito.* Rio de Janeiro, GZ, 2014. Prefácio explicativo, p. VII-VIII; Lendas, mitos, fábulas e contos populares, p. 1-3. ISBN 978-85-62027-39-0.
8. *Temas atuais de direito* (volume II). Rio de Janeiro, GZ, 2014. Danos ao trabalho e necessidade de reparação. p. 77-96. ISBN 978-85-62027-54-3.
9. *Direito internacional do trabalho.* O estado da arte sobre a aplicação das convenções internacionais da OIT no Brasil (co-organizador: Valério de Oliveira Mazzuoli). São Paulo, LTr, 2016. Incorporação e aplicação das convenções internacionais da OIT no Brasil, p. 15-23 (coautoria: Valério de Oliveira Mazzuoli). ISBN 978-85-361-8711-2.

Obras em coautoria

1. *Estudos de direito do trabalho (homenagem ao Prof. Júlio Malhadas)* (Coordenação: Profª Anna Maria de Toledo Coelho). Curitiba: Juruá, 1992. *Imunidade das organizações internacionais. Um aspecto da competência internacional da Justiça do Trabalho.* p. 294-303 — sem ISBN.

2. *Processo do trabalho (homenagem ao Prof. José Augusto Rodrigues Pinto)* (Coordenação: Dr. Rodolfo Pamplona Filho). São Paulo: LTr, 1997. *A nova sistemática do agravo de petição.* p. 369-378 — ISBN 85-7322-305-7.

3. *Estudos de direito do trabalho e processo do trabalho (homenagem ao Prof. J. L. Ferreira Prunes)* (Coordenação: Drs. Juraci Galvão Júnior e Gelson de Azevedo). São Paulo: LTr, 1998. *O princípio da dupla imunidade e a execução do julgado contrário a ente de Direito Internacional Público.* p. 80-92 — ISBN 85-3722-385-5.

4. *Manual de direito do trabalho (homenagem ao Prof. Cássio Mesquita Barros Júnior)* (Coordenação: Dr. Bento Herculano Duarte Neto). São Paulo: LTr, 1998. *Suspensão do trabalho — Suspensão e interrupção.* p. 325-336 — ISBN 85-7322-380-4.

5. *Direito internacional no terceiro milênio (homenagem ao Prof. Vicente Marotta Rangel)* (Coordenação: Profs. Luiz Olavo Baptista e J. R. Franco da Fonseca). São Paulo: LTr, 1998. *Considerações acerca da Convenção Internacional sobre a Proteção do Trabalhador Migrante.* p. 653-665 — ISBN 85-7322-417-7.

6. *Direito do trabalho (homenagem ao Prof. Luiz de Pinho Pedreira da Silva)* (Coordenação: Drs. Lélia Guimarães Carvalho Ribeiro e Rodolfo Pamplona Filho). São Paulo: LTr, 1998. *Importância do direito internacional para o direito do trabalho.* p. 71-77 — ISBN 85-7233-545-9.

7. *Estudos de direito (homenagem ao Prof. Washington Luiz da Trindade)* (Coordenação: Drs. Antônio Carlos de Oliveira e Rodolfo Pamplona Filho). São Paulo: LTr, 1998. *Imunidade de jurisdição dos entes de direito público externo.* p. 448-455 — ISBN 85-7322-539-4.

8. *Direito sindical brasileiro (homenagem ao Prof. Arion Sayão Romita)* (Coordenação: Dr. Ney Prado). São Paulo: LTr, 1998. *Contribuições sindicais e liberdade sindical.* p. 144-152 — ISBN 85-7322-543-2.

9. *Ordem econômica e social (homenagem ao Prof. Ary Brandão de Oliveira)* (Coordenação: Dr. Fernando Facury Scaff). São Paulo: LTr, 1999. *Trabalho infantil.* p. 139-143 — ISBN 85-7322-632-3.

10. *Fundamentos do direito do trabalho (homenagem ao Ministro Milton de Moura França)* (Coordenação: Drs. Francisco Alberto da Motta Peixoto Giordani, Melchíades Rodrigues Martins e Tárcio José Vidotti). São Paulo: LTr, 2000. *Unicidade, unidade e pluralidade sindical. Uma visão do Mercosul.* p. 122-130 — ISBN 85-7322-857-1.

11. *Temas relevantes de direito material e processual do trabalho (homenagem ao Prof. Pedro Paulo Teixeira Manus)* (Coordenação: Drs. Carla Teresa Martins Romar e Otávio Augusto Reis de Sousa). São Paulo: LTr, 2000. *Execução da sentença estrangeira.* p. 66-73 — ISBN 85-7322-883-0.

12. *Os novos paradigmas do direito do trabalho (homenagem ao Prof. Valentin Carrion)* (Coordenação: Drª Rita Maria Silvestre e Prof. Amauri Mascaro Nascimento). São Paulo: Saraiva, 2001. *A legislação trabalhista e os convênios coletivos.* p. 281-287 — ISBN 85-02-03337-9.

13. *O direito do trabalho na sociedade contemporânea* (Coordenação: Dras. Yone Frediani e Jane Granzoto Torres da Silva). São Paulo: Jurídica Brasileira, 2001. *A arbitragem no direito do trabalho.* p. 140-148 — ISBN 85-8627-195-0.

14. *Estudos de direito constitucional (homenagem ao Prof. Paulo Bonavides)* (Coordenação: Dr. José Ronald Cavalcante Soares). São Paulo: LTr, 2001. *Identificação dos direitos humanos.* p. 119-126 — ISBN 85-361-163-6.

15. *O direito do trabalho na sociedade contemporânea (II)* (Coordenação: Profa. Yone Frediani). São Paulo: Jurídica Brasileira, 2003. *A Convenção n. 132 da OIT e seus reflexos nas férias.* p. 66-73 — ISBN 85-7538-026-5.

16. *Constitucionalismo social (homenagem ao Ministro Marco Aurélio Mendes de Farias Mello)* (Coordenação: EMATRA-2ª). São Paulo: LTr, 2003. *Os tratados internacionais e a Constituição de 1988.* p. 171-180 — ISBN 85-3610-394-9.

17. *Recursos trabalhistas (homenagem ao Ministro Vantuil Abdala)* (Coordenação: Drs. Armando Casimiro Costa e Irany Ferrari). São Paulo: LTr, 2003. *Recurso extraordinário.* p. 55-65 — ISBN 85-3610-491-0.

18. *Relações de direito coletivo Brasil-Itália* (Coordenação: Yone Frediani e Domingos Sávio Zainaghi). São Paulo: LTr, 2004. *Organização sindical.* p. 175-180 — ISBN 85-3610-523-2.

19. *As novas faces do direito do trabalho (em homenagem a Gilberto Gomes)* (Coordenação: João Alves Neto). Salvador: Quarteto, 2006. *O triênio de atividade jurídica e a Resolução n. 11 do CNJ.* p. 143-155 — ISBN 85-8724-363-2.

20. *Curso de direito processual do trabalho (em homenagem ao Ministro Pedro Paulo Teixeira Manus, do Tribunal Superior do Trabalho)* (Coordenação: Hamilton Bueno). São Paulo: LTr, 2008. *Recursos trabalhistas.* p. 205-215 — ISBN 97-8853-6111-21.

21. *Jurisdição — crise, efetividade e plenitude institucional (volume 2)* (Coordenação: Luiz Eduardo Günther). Curitiba: Juruá, 2009. *Das imunidades de jurisdição e de execução nas questões trabalhistas.* p. 491-501 — ISBN 978-85-362-275-9.

22. *Direito internacional:* estudos em homenagem a Adherbal Meira Mattos (Coordenação: Paulo Borba Casella e André de Carvalho Ramos). São Paulo: Quartier Latin, 2009. *Os tratados sobre direitos humanos e a regra do art. 5º, § 3º, da Constituição do Brasil.* p. 523-532 — ISBN 85-7674-423-6.

23. *Meio ambiente do trabalho* (Coordenação: Elida Seguin e Guilherme José Purvin de Figueiredo). Rio de Janeiro: GZ, 2010. *Atuação da OIT no meio ambiente do trabalho; a Convenção n. 155.* p. 199-207 — ISBN 978-85-624-9048-4.

24. *Jurisdição — crise, efetividade e plenitude institucional (volume 3)* (Coordenação: Luiz Eduardo Günther, Willians Franklin Lira dos Santos e Noeli Gonçalves Günther). Curitiba: Juruá, 2010. *Prisão do depositário infiel na Justiça do Trabalho.* p. 529-540 — ISBN 978-85-362-3197-6.

25. *Contemporaneidade e trabalho (aspectos materiais e processuais; estudos em homenagem aos 30 anos da Amatra 8)* (Coordenação: Gabriel Velloso e Ney Maranhão). São Paulo: LTr, 2011. *Direito social ao lazer: entretenimento e desportos.* p. 17-23 — ISBN 878-85-361-1640-2.

26. *Atualidades do direito do trabalho (anais da Academia Nacional de Direito do Trabalho)* (Coordenação: Nelson Mannrich et alii). São Paulo: LTr, 2011. *O problema das prestadoras de serviço para financeiras e grupos econômicos bancários.* p. 229-233 — ISBN 978-85-361-2108-6.

27. *Dicionário brasileiro de direito do trabalho* (Coordenação: José Augusto Rodrigues Pinto, Luciano Martinez e Nelson Mannrich). São Paulo, LTr, 2013. Verbetes: *Adicional de penosidade, Auxílio-alimentação, Aviamento, Cônsul, Contrato de trabalho em tempo parcial, Contrato internacional de trabalho, Deslocalização, Direito ao lazer, Direito à felicidade, Direito comparado, Entes de direito internacional público externo, Estrangeiro, Licença-paternidade, Licença-prêmio, Missão diplomática, Missão especial, Organismo internacional, Paternidade, Pejotização, Penosidade, Quarteirização, Repartição consular, Representação comercial estrangeira, Representante diplomático, Salário retido, Serviço militar obrigatório, Termo prefixado, Trabalho em tempo integral, Trabalho em tempo parcial, Trabalho no exterior, Tratado internacional, Vale-transporte.* ISBN: 978-85-381-2589-3.

28. *Conciliação: um caminho para a paz social* (Coordenação: Luiz Eduardo Gunther e Rosemarie Diedrichs Pimpão). Curitiba: Juruá, 2013. *A arbitragem nas relações de trabalho.* p. 457-465. ISBN: 978-85-362-4056-5.

29. *Estudos aprofundados — magistratura do trabalho* (Coordenação: Élisson Miessa e Henrique Correia). Salvador: Juspodivm, 2013. *Globalização... E depois???.* p. 115-123 — ISBN 857-76-1688-6.

30. *25 anos da Constituição e o direito do trabalho* (Coodenação: Luiz Eduardo Gunther e Silva Souza Netto Mandalozzo). Curitiba: Juruá, 2013. *Sindicalismo no Brasil*, p. 237-250. ISBN 978-85-362-4460-0.

31. *Direitos fundamentais: questões contemporâneas* (Organização: Frederico Antônio Lima de Oliveira e Jeferson Antônio Fernandes Bacelar). Rio de Janeiro: GZ, 2014. *O direito social à felicidade.* p. 141-155 — ISBN 978-85-62027-44-4.

32. *Estudos aprofundados — Magistratura do Trabalho* (volume 2) Coordenação: Élisson Miessa e Henrique Correia). Salvador: Juspodivm, 2014. *Deslocalização interna e internacional.* p. 187-197 — ISBN 854-42-0028-1.

33. *Os desafios jurídicos do século XXI: em homenagem aos 40 anos do curso de direito da UNAMA.* (Coordenação: Cristina Sílvia Alves Lourenço, Frederico Antonio Lima Oliveira e Ricardo Augusto Dias da Silva). São Paulo: PerSe, 2014. Recortes de um mundo globalizado. p. 142-150 — ISBN 978-85-8196-820-9.

34. *Ética e direitos fundamentais* (estudos em memória do Prof. Washington Luís Cardoso da Silva). Rio de Janeiro: LMJ Mundo Jurídico, 2014. Refúgios e refugiados climáticos. p. 137-143 — ISBN 978-85-62027-57-4.

35. *Doutrinas essenciais dano moral* (Vol. I — Teoria do dano moral e direitos da personalidade). (Organizador: Rui Stoco). São Paulo: Revista dos Tribunais, 2015. *O direito de imagem e o novo Código Civil*, p. 315-328 — ISBN 978-85-203-6180-1.

36. *Doutrinas essenciais dano moral* (Vol. IV — Questões diversas sobre dano moral). (Organizador: Rui Stoco). São Paulo: Revista dos Tribunais, 2015. *A prescrição do dano moral trabalhista*, p. 999-1012 — ISBN 978-85-203-6183-2.

37. *Estudos aprofundados da Magistratura Trabalhista* (volume 2). Coordenação: Élisson Miessa e Henrique Correia). 2. ed. Salvador: Juspodivm, 2015. *Globalização... e depois?* p. 107-114; e *A Emenda Constitucional n. 81/2014 e trabalho forçado no Brasil.* p. 363-375 — ISBN 978-85-442-0527-3.

38. *Direito ambiental do trabalho. Apontamentos para uma teoria geral* (vol. 2) (Coordenadores: Guilherme Guimarães Feliciano, João Urias, Ney Maranhão e Valdete Souto Severo). São Paulo: LTr, 2015. *Greve ambiental trabalhista*, p. 203-209 — ISBN 978-85-361-8600-9.

39. *Principiologia* (estudos em homenagem ao centenário de Luiz de Pinho Pedreira da Silva) (Coordenadores: Rodolfo Pamplona Filho e José Augusto Rodrigues Pinto). São Paulo: LTr, 2016. *Princípios de direito internacional do trabalho*, p. 99-104 — ISBN 978-85-361-8998-7.

40. *Direitos humanos e meio ambiente do trabalho* (Coordenação: Luiz Eduardo Gunther e Rúbia Zanotelli de Alvarenga). São Paulo: LTr, 2016. *Greve ambiental trabalhista*, p. 51-55 — ISBN 978-85-361-8827.0

41. *Ciência e interpretação do direito* (homenagem a Daniel Coelho de Souza). (Coordenadores: Zeno Veloso, Frederico A. L. Oliveira e Jeferson A. F. Bacelar). Rio de Janeiro: Lumen Juris, 2016. *Legitimidade das centrais sindicais*, p. 197-209 — ISBN 978-85-8440-836-8.

42. *Direitos humanos dos trabalhadores* (Coordenadora: Rúbia Zanotelli de Alvarenga). São Paulo: LTr, 2016. *Direitos humanos dos trabalhadores*, p. 17-24 — ISBN 978-85-361-9051-8.

43. *Terceirização de serviços e direitos sociais trabalhistas*, obra coletiva organizada pelos Profs. Gustavo Felipe Barbosa Garcia e Rúbia Zanotelli de Alvarenga (São Paulo, LTr, 2017), *Quarteirização*, p. 21-24 — ISBN 978-85-361-9138-6.

44. *O mundo do trabalho no contexto das reformas* (Coordenadores: Ney Maranhão e Pedro Tourinho Tupinambá). São Paulo, LTr, 2017. *Reforma trabalhista:* o futuro do trabalho, do Direito do Trabalho e da Justiça do Trabalho, p. 9-15 — ISBN 978-85-361-9417-2.

45. *Direitos humanos e relações sociais trabalhistas* (Coordenadoras: Renata de Assis Calsing e Rúbia Zanotelli de Alvarenga). São Paulo, LTr, 2017. *Antecedentes históricos, fundamentos e princípios do Direito Internacional do Trabalho*, p. 85-88, e *A Organização Internacional do Trabalho e os instrumentos internacionais de proteção ao trabalhador*, p. 89-93 — ISBN 978-85-361-9492-9.

Prefácios

1. *Limites do* jus variandi *do empregador*, da professora Simone Crüxen Gonçalves, do Rio Grande do Sul (São Paulo: LTr, 1997).

2. *Poderes do juiz do trabalho: direção e protecionismo processual*, do juiz do Trabalho da 21ª Região Bento Herculano Duarte Neto, do Rio Grande do Norte (São Paulo: LTr, 1999).

3. *O direito do trabalho na sociedade moderna* (obra póstuma), do ministro Orlando Teixeira da Costa, do Tribunal Superior do Trabalho de Brasília (São Paulo: LTr, 1999).

4. *Direito sindical*, do procurador do trabalho José Claudio Monteiro de Brito Filho, do Pará (São Paulo: LTr, 2000).

5. *As convenções da OIT e o Mercosul*, do professor Marcelo Kümmel, do Rio Grande do Sul (São Paulo: LTr, 2001).

6. *O direito à educação e as Constituições brasileiras*, da professora Eliana de Souza Franco Teixeira, do Pará (Belém: Grapel, 2001).

7. *Energia elétrica: suspensão de fornecimento*, dos professores Raul Luiz Ferraz Filho e Maria do Socorro Patello de Moraes, do Pará (São Paulo: LTr, 2002).

8. *Discriminação no trabalho*, do procurador do trabalho José Claudio Monteiro de Brito Filho, do Pará (São Paulo: LTr, 2002).

9. *Discriminação estética e contrato de trabalho*, da professora Christiane Marques, de São Paulo (São Paulo: LTr, 2002).

10. *O poeta e seu canto*, do professor Clóvis Silva de Moraes Rego, ex-governador do Estado do Pará (Belém, 2003).

11. *O direito ao trabalho da pessoa portadora de deficiência e o princípio constitucional da igualdade*, do juiz do Trabalho da 11ª Região Sandro Nahmias Mello, do Amazonas (São Paulo: LTr, 2004).

12. *A prova ilícita no processo do trabalho*, do juiz togado do TRT da 8ª Região Luiz José de Jesus Ribeiro, do Pará (São Paulo: LTr, 2004).

13. *Licença-maternidade à mãe adotante: aspectos constitucionais*, da juíza togada do TRT da 2ª Região e professora Yone Frediani, de São Paulo (São Paulo: LTr, 2004).

14. *Ventos mergulhantes*, do poeta paraense Romeu Ferreira dos Santos Neto (Belém: Pakatatu, 2007).

15. *Direito sindical*, 2. ed., do procurador do trabalho da 8ª Região, prof. dr. José Claudio Monteiro de Brito Filho (São Paulo: LTr, 2007).

16. *A proteção ao trabalho penoso*, da professora Christiani Marques, da PUC de São Paulo (São Paulo: LTr, 2007).

17. *Regime próprio da Previdência Social*, da doutora Maria Lúcia Miranda Alvares, assessora jurídica do TRT da 8ª Região (São Paulo: NDJ, 2007).

18. *Meninas domésticas, infâncias destruídas*, da juíza do trabalho da 8ª Região e professora Maria Zuíla Lima Dutra (São Paulo: LTr, 2007).

19. *Curso de direito processual do trabalho (em homenagem ao ministro Pedro Paulo Teixeira Manus, do Tribunal Superior do Trabalho)* (Coordenação: Hamilton Bueno). São Paulo: LTr, 2008.
20. *Competências constitucionais ambientais e a proteção da Amazônia*, da professora doutora Luzia do Socorro Silva dos Santos, juíza de Direito do Pará e Professora da Unama (Belém: Unama, 2009).
21. *Extrajudicialização dos conflitos de trabalho*, do professor Fábio Túlio Barroso, da Universidade Federal de Pernambuco (São Paulo: LTr, 2010).
22. *Polêmicas trabalhistas*, de Alexei Almeida Chapper, advogado no Estado do Rio Grande do Sul (São Paulo: LTr, 2010).
23. *Teoria da prescrição das contribuições sociais da decisão judicial trabalhista*, do juiz do Trabalho da 8ª Região Océlio de Jesus Carneiro Morais (São Paulo: LTr, 2013).
24. *Estudos de direitos fundamentais*, obra coletiva organizada pela professora Andreza do Socorro Pantoja de Oliveira Smith (São Paulo: Perse, 2013).
25. *Direito e processo do trabalho contemporâneos*, do Prof. Gustavo Felipe Barbosa Garcia (São Paulo: LTr, 2016).
26. *Direitos humanos dos trabalhadores*, obra coletiva coordenada pela Profª Rúbia Zanotelli de Alvarenga (São Paulo: LTr, 2016)
27. *Direito sindical*, do Prof. José Claudio Monteiro de Brito Filho (6ª ed., São Paulo: LTr, 2017)
28. *Terceirização de serviços e direitos sociais trabalhistas*, obra coletiva organizada pelos Profs. Gustavo Felipe Barbosa Garcia e Rúbia Zanotelli de Alvarenga (São Paulo: LTr, 2017).
29. *Reforma trabalhista (análise comparativa e crítica da Lei n 13.467/2017)*, dos Juízes do Trabalho Antônio Umberto de Souza Júnior (10ª Região), Fabiano Coelho de Souza (18ª Região), Ney Stany Morais Maranhão (8ª Região) e Platon Teixeira da Azevedo Neto (18ª Região). (São Paulo: Rideel, 2017).

O juiz não é nomeado para fazer favores com a justiça, mas para julgar segundo as leis.

(*Platão*)

*A
Elza.*

SUMÁRIO

INTRODUÇÃO 17

PARTE I — DIREITOS INDIVIDUAIS 19
   1. Acidente do trabalho. Responsabilidade do empregador 21
   2. Grupo econômico 23
   3. Horas *in itinere*. Deslocamento dentro da empresa 25
   4. Meio ambiente do trabalho. Uso de amianto. Proibição 28
   5. Plano de carreira. Incorporação salarial. Ineficácia 33
   6. Radialista 35
   7. Terceirização 44
   8. Trabalho intermitente 52

PARTE II — DIREITOS COLETIVOS 55
   1. Receita sindical 57
   2. Greve 64
   3. Ultratividade. Suspensão 72

PARTE III — DIREITO PROCESSUAL 75
   1. ADI. Ausência de legitimidade. Representação parcial da categoria 77
   2. Competência 79
   3. Conselhos profissionais. Precatórios 84
   4. Débito trabalhista. Atualização. Índice aplicável. IPCA-E 85
   5. FGTS. Prescrição 87
   6. Gratuidade da justiça 88
   7. Organismo internacional. Imunidade de jurisdição 91

PARTE IV — SERVIÇO PÚBLICO 95
    1. Advocacia 97
    2. Magistrado 101
    3. Concurso público 118
    4. Teto constitucional. Acumulação. Incidência 129

PARTE V — PREVIDÊNCIA SOCIAL 133
    1. Contribuição previdenciária. Recolhimento 135
    2. Estrangeiro. Benefício assistencial 139
    3. FUNRURAL. Contribuição do empregador rural 142
    4. Professor. Aposentadoria especial 144

PARTE VI — OUTROS TEMAS 147
    1. Súmulas Vinculantes do STF sobre matéria trabalhista 149

ÍNDICES 155
Índice geral 157
Índice dos julgados publicados na coletânea 159
Índice dos Ministros do STF prolatores dos julgados citados 183
Índice temático 187

INTRODUÇÃO

Jamais poderia imaginar que, um dia, estaria chegando ao volume 21 de *Direito do Trabalho no STF*, atendendo ao chamamento de meu querido e saudoso amigo Dr. Armando Casimiro Costa, o *Mecenas* do Direito do Trabalho no Brasil, cujos passos estão sendo seguidos (e bem seguidos) por Manuel e Armandinho Casimiro Costa, seus estimados filhos. É verdadeiramente incrível que tenha conseguido, sobretudo com a azáfama de atividades que tenho desenvolvido nessas mais de duas décadas (desde 1998).

Está aqui, mais uma vez, a seleção dos mais importantes julgados do Supremo Tribunal Federal de nosso país em matéria trabalhista e temas correlatos, referente a 2017. A seleção é árdua e cuidadosa, sobretudo porque tivemos, nesse período, um ano diferente dos demais, com as profundas mudanças que se operaram na legislação do trabalho do Brasil.

Quero referir-me especialmente à entrada em vigor da Lei n. 13.467, de 13 de julho de 2017, e à edição da Medida Provisória n. 808, de 14 de novembro seguinte. Esses dois diplomas *mudaram a cara* do Direito do Trabalho brasileiro. A prova pode ser encontrada no grande número de Ações Declaratórias de Inconstitucionalidade atingindo diversos dispositivos especialmente da nossa Consolidação das Leis do Trabalho (CLT).

Estão reunidas algumas dessas ADIns neste volume, e, por igual, coletei outros julgados de alta relevância para a vida do trabalhador e do empreendedor, valendo destacar os que cuidam de temas como prescrição do FGTS, índice de atualização dos débitos trabalhistas, exercício do direito de greve e os verdadeiros limites do teto constitucional, que são, dentre outros, temas de interesse comum.

Desejo, ao cabo, agradecer a paciência de Elza, minha mulher e companheira, sempre a meu lado, e reiterar minha amizade fraterna pelos irmãos Casimiro Costa (Armandinho e Manuel) e toda a estimada equipe da LTr Editora Ltda., que me tem acolhido há tantos anos, na grande, querida e sempre amada São Paulo.

Belém, Janeiro/2018.

Georgenor de Sousa Franco Filho

PARTE I
DIREITOS INDIVIDUAIS

1. ACIDENTE DO TRABALHO. RESPONSABILIDADE DO EMPREGADOR.[1]

Foi reconhecida repercussão geral para importante tema que frequentemente é apreciado pelo STF. Trata-se da responsabilização objetiva do empregador por danos decorrentes de acidente de trabalho. É o que ficou decidido no RE n. 828.040-DF, de 4.8.2017[2], sendo redator do acórdão o Min. Gilmar Mendes, face o falecimento do relator original, Min. Teori Zavascki. O noticiário a respeito é o seguinte:

O Supremo Tribunal Federal (STF) reconheceu a existência de repercussão geral na matéria tratada no Recurso Extraordinário (RE) 828040, que discute a natureza jurídica da responsabilidade do empregador na reparação de danos a empregado vítima de acidente de trabalho, tendo em vista o disposto no art. 7º, inciso XXVIII, da Constituição Federal, que prevê a obrigação de indenizar quando há dolo ou culpa.

O recurso foi interposto pela Protege S/A — Proteção e Transporte de Valores contra decisão do Tribunal Superior do Trabalho (TST) que a condenou ao pagamento de indenização a um vigilante de carro forte devido a transtornos psicológicos decorrentes de um assalto. A tese adotada pelo TST foi a da responsabilidade objetiva, que prescinde da comprovação de dolo ou culpa, fazendo incidir no caso a regra prevista no art. 927, parágrafo único, do Código Civil, por se tratar de atividade de risco. Para a empresa, porém, a condenação contrariou o dispositivo constitucional que trata da matéria, uma vez que o assalto foi praticado em via pública, por terceiro.

---

[1] V., a respeito deste tema, v. 6, p. 187, desta coletânea.
[2] RE n. 828.040-DF, de 4.8.2017 (PROTEGE S/A — Proteção e Transporte de Valores *vs.* Marcos da Costa Santos e EBS Supermercados Ltda.). Red. do Acórdão: Min. Gilmar Mendes.

O RE n. 828.040 é o processo paradigma do tema 932 da tabela de repercussão geral do STF. O Plenário Virtual, por maioria, entendeu que a matéria tem natureza constitucional e tem repercussão econômica e social, tendo em vista sua relevância para o desenvolvimento das relações empregatícias. Ficaram vencidos a ministra Rosa Weber e o ministro Edson Fachin.

O recurso era de relatoria do ministro Teori Zavascki e, com seu falecimento, será aplicado, para efeito da publicação do acórdão da repercussão geral, o art. 38, inciso IV, alínea "b", do Regimento Interno do STF. O dispositivo prevê que, em caso de aposentadoria, renúncia ou morte, o relator será substituído pelo ministro que tiver proferido o primeiro voto vencedor acompanhando-o, para lavrar ou assinar os acórdãos dos julgamentos anteriores à abertura da vaga.[3]

---

[3] Disponível em: <http://www.stf.jus.br/portal/cms/verNoticiaDetalhe.asp?idConteudo =336574>. Acesso em: 8 maio 2017.

2. GRUPO ECONÔMICO

A Confederação Nacional do Transporte (CNT) está questionando, no STF, por meio da ADPF n. 488-DF[1], relatada pela Min. Rosa Weber, os atos dos diversos órgãos da Justiça do Trabalho que incluem, após a fase de conhecimento, pessoas naturais e jurídicas ao argumento de que integram o mesmo grupo econômico. O pedido liminar ainda não foi apreciado, aguardando as informações prévias das cortes interessadas. O noticiário a respeito é o seguinte:

> *A Confederação Nacional do Transporte (CNT), que representa as empresas de transporte e logística em nível nacional, ajuizou no Supremo Tribunal Federal a Arguição de Descumprimento de Preceito Fundamental (ADPF) 488, na qual questiona atos praticados por tribunais e juízes do trabalho que incluem, no cumprimento de sentença ou na fase de execução, pessoas físicas e jurídicas que não participaram dos processos trabalhistas sob a alegação de que fariam parte de um mesmo grupo econômico. A relatora é a ministra Rosa Weber.*
>
> *A CNT sustenta que a prática, além de não estar prevista no ordenamento jurídico, restringe o direito fundamental de contraditório e de ampla defesa e ao devido processo legal para aqueles que procuram provar que não participam de grupos econômicos. "Além de os mecanismos de produção de provas e as vias processuais da fase de execução serem bastante restritos, a própria sistemática recursal trabalhista não permite que, na fase de execução, seja levada ao Tribunal Superior do Trabalho a apreciação de matérias infraconstitucionais", argumenta.*

---

[1] ADPF n. 488-DF (Confederação Nacional do Transporte vs Tribunal Superior do Trabalho e Tribunais Regionais do Trabalho das 1ª, 2ª, 3ª, 4ª, 5ª, 6ª, 7ª, 8ª, 9ª, 10ª, 11ª, 12ª, 13ª, 14ª, 15ª, 16ª, 17ª, 18ª, 19ª, 20ª, 21ª, 22ª, 23ª e 24ª Regiões) Rel.: Min. Rosa Weber.

Entre essas matérias infraconstitucionais está o conceito e definição de grupo econômico, por interpretação do art. 2º, parágrafo 2º, da CLT. "O interessado fica restrito, no máximo, ao que entendem os Tribunais Regionais do Trabalho, sofrendo cerceamento de defesa em matéria de direito infraconstitucional e sendo subtraídos do papel unificador da Instância Superior Trabalhista", diz a ação.

A confederação defende que as características procedimentais e recursais da fase de execução trabalhista restringem o direito de defesa, o que afeta o interesse das pessoas que não participaram da fase de conhecimento do processo. "A parte incluída na fase de execução, sem qualquer oportunização de justificação prévia, não é citada para se defender, mas para pagar no prazo de 48 horas a quantia determinada em sentença proferida em processo do qual sequer teve conhecimento, podendo deduzir suas alegações de defesa apenas após garantir o juízo no valor total da execução ou nomear bens à penhora, o que representa enorme obstáculo ao exercício do contraditório", afirma.

Outro argumento expresso na ADPF n. 488 é o de que a prática também viola o direito fundamental ao devido processo legal. "O cumprimento de sentença contra quem não participou da fase de conhecimento é expressamente proibido pelo art. 513, § 5º, do Código de Processo Civil de 2015", alega.

A CNT pede a concessão de liminar para suspender o andamento das execuções trabalhistas contra empresas nessa situação, para determinar que os órgãos da Justiça do Trabalho deixem de adotar a medida, para levantar as constrições já realizadas sobre os bens de tais empresas e para excluir do Banco Nacional de Devedores Trabalhistas as pessoas físicas e jurídicas incluídas diretamente na fase de execução. No mérito, pretende que o STF declare a ilegitimidade e a inconstitucionalidade da prática.[2]

---

[2] Disponível em: <http://www.stf.jus.br/portal/cms/verNoticiaDetalhe.asp?idConteudo=360108>. Acesso em: 31 out. 2017.

3. HORAS IN ITINERE. DESLOCAMENTO DENTRO DA EMPRESA

As modificações introduzidas na CLT pela Lei n. 13.467, de 13.7.2017 alteraram, profundamente, o entendimento que se tinha acerca de horas *in itinere*. O caso transcrito no noticiário a seguir revela o entendimento do Tribunal Superior do Trabalho, tendo o Excelso Pretório reconhecido, no RE n. 944.245-SP[1], de 2.2.2017, relatado pelo Min. Édson Fachin, a inexistência de repercussão geral, considerando a exigência, na hipótese, de reexame de legislação infraconstitucional.

A regra nova contemplada no § 2º do art. 58 da CLT dispõe: *O tempo despendido pelo empregado desde a sua residência até a efetiva ocupação do posto de trabalho e para o seu retorno, caminhando ou por qualquer meio de transporte, inclusive o fornecido pelo empregador, não será computado na jornada de trabalho, por não ser tempo à disposição do empregador.* Ou seja, a partir de novembro de 2017, quando as alterações começaram a vigorar, desapareceu a possibilidade de admitir horário *in itinere* no deslocamento entre a portaria da empresa e o efetivo local de trabalho.

O noticiário a respeito é o seguinte:

> *O Supremo Tribunal Federal (STF), em votação no Plenário Virtual, entendeu que não há repercussão geral na matéria discutida no Recurso Extraordinário (RE) 944245, interposto contra decisão do Tribunal Superior do Trabalho (TST) que determinou o cômputo do tempo de deslocamento entre a portaria da Volkswagen do Brasil Ltda. e o setor de lotação de um empregado como horas trabalhadas (in itinere). A maioria dos ministros seguiu a manifestação do relator, ministro Edson Fachin, no sentido de que a discussão da matéria,*

---

[1] RE n. 944.245-SP, de 2.2.2017 (Volkswagen do Brasil Indústria de Veículos Automotores Ltda. vs. Jorge Luiz Lopes). Rel.: Min. Edson Fachin.

fundada em normas trabalhistas, exigiria o reexame de legislação infraconstitucional.

A decisão do TST baseou-se na Súmula n. 429 daquela Corte, que considera esse tempo de deslocamento, quando superior a dez minutos diários, como tempo à disposição do empregador. No recurso extraordinário, a Volkswagen apontava ofensa aos princípios da legalidade e da repartição de competências afetas aos Poderes Legislativo e Judiciário. Segundo a empresa, a Súmula 429 do TST alteraria o art. 4º da Consolidação das Leis do Trabalho (CLT), com a criação de obrigação trabalhista nova, não prevista no ordenamento jurídico, o que seria inconstitucional.

Decisão

O ministro Fachin assinalou que, no caso concreto, a empresa fundamentou o recurso em argumentos genéricos, demonstrando inconformismo com a decisão do TST, fundado em normas trabalhistas (especialmente o art. 4º da CLT), o que não é cabível em sede de recurso extraordinário, por exigir o reexame de legislação infraconstitucional. Ainda segundo o relator, eventual divergência ao entendimento do TST, em relação tanto à forma de cálculo quanto ao enquadramento legal do tempo despendido pelo empregado em deslocamento dentro da empresa, demandaria nova apreciação de matéria probatória, também inviável na instância extraordinária.

O relator destacou que as duas Turmas do STF já se manifestaram sobre a mesma temática, e que a jurisprudência do Tribunal se consolidou no sentido de que os temas que demandam o reexame de legislação infraconstitucional e o revolvimento de contexto fático específico não têm repercussão geral, ainda que supostamente discutam princípios como os da dignidade da pessoa humana, legalidade, propriedade, acesso à Justiça, devido processo legal, dentre outros. Concluiu, assim, que o caso não transcende os interesses subjetivos da causa, manifestando-se pela inexistência de repercussão geral da questão tratada nos autos.

A manifestação do relator foi seguida pela maioria dos ministros, vencido o ministro Gilmar Mendes. Assim, fica mantido o entendimento fixado pelo TST sobre a matéria.[2]

---

[2] Disponível em: <http://www.stf.jus.br/portal/cms/verNoticiaDetalhe.asp?idConteudo=336465>. Acesso em: 8 maio 2017.

A ementa da decisão é a seguinte:

> *DIREITO DO TRABALHO. HORAS IN ITINERE. DESLOCAMENTO ENTRE PORTARIA E LOCAL DE REGISTRO DE ENTRADA NA EMPRESA. LEGALIDADE. MATÉRIA INFRACONSTITUCIONAL E FÁTICA. AUSÊNCIA DE REPERCUSSÃO GERAL. 1. Não se reconhece repercussão geral da discussão acerca do cômputo como horas* in itinere *do tempo gasto pelo trabalhador para deslocar-se da portaria até o local do registro de sua entrada na empresa ou no seu efetivo posto de trabalho. 2. Em que pese o estatuto constitucional do princípio da legalidade (art. 5º, II, CF) e da repartição de competências afetas aos Poderes Legislativo e Judiciário (44, 48, 49, XI, 96 e seguintes, e 103, § 1º, CF), constata-se que o apelo extremo fundamenta-se em argumentos genéricos, demonstrando inconformismo com o deslinde legal da questão suscitada, fundado em normas trabalhistas (especialmente o art. 4º da Consolidação das Leis do Trabalho), o que não se admite em sede de recurso extraordinário, por exigir o reexame de legislação infraconstitucional. 3. Ausência de repercussão geral do tema.*[3]

---

[3] Disponível em: <http://www.stf.jus.br/portal/processo/verProcessoAndamento.asp?incidente=4916834>. Acesso em: 21 dez. 2017.

4. MEIO AMBIENTE DO TRABALHO[1]. USO DE AMIANTO. PROIBIÇÃO

Proibido na União Europeia, e, por igual, no Canadá, Argentina e Chile, agora também é proibido no Brasil, um dos maiores produtores mundiais. Trata-se do amianto ou asbesto, bastante utilizado na construção civil, e causador de graves enfermidades, inclusive câncer no pulmão.

O primeiro passo foi a declaração de inconstitucionalidade do art. 2º da Lei n. 9.055/95, que autoriza o uso da modalidade de amianto crisólita e assentou a validade da norma estadual que proíbe o uso de qualquer tipo. Foi no exame da ADI n. 3.937-SP[2], de 24.8.2017, sendo redator do acórdão o Min. Dias Toffoli[3].

Após, foi reafirmada a declaração de inconstitucionalidade desse dispositivo de lei federal, no exame dos ADIs ns. 3.406-RJ[4] e

---

[1] Sobre meio ambiente do trabalho, v., nesta coletânea, v. 10, p. 182, e v. 18, p. 55.

[2] ADI n. 3.937-SP, de 24.8.2017 (Confederação Nacional dos Trabalhadores na Indústria. Intdos.: Governador do Estado de São Paulo e Assembleia Legislativa do Estado de São Paulo. Am. Curiae: Associação Brasileira dos Expostos ao Amianto — ABREA, Associação Brasileira das Indústrias e Distribuidores de Produtos de Fibrocimento — ABIFIBRO, Instituto Brasileiro do Crisotila — IBC, Sindicato dos Trabalhadores na Indústria da Extração de Minerais Não Metálicos de Minaçu-Go, Conselho Federal da Ordem dos Advogados do Brasil — CFOAB, Associação Nacional dos Procuradores do Trabalho — ANPT e Instituto Brasileiro de Mineração — IBRAM) Red. para acórdão: Min. Dias Toffoli.

[3] Noticiário a respeito disponível em: <http://www.stf.jus.br/portal/cms/verNoticiaDetalhe.asp?idConteudo=353599>. Acesso em: 29 ago. 2017.

[4] ADI n. 3.406-RJ, de 29.11.2017 (Confederação Nacional dos Trabalhadores na Indústria. Intdos: Governador do Estado do Rio de Janeiro e Assembleia Legislativa do Estado do Rio de Janeiro. Am. Curiae: Associação Brasileira das Indústrias e Distribuidores de Produtos de Fibrocimento — ABIFIBRO, Associação Brasileira dos Expostos ao Amianto — ABREA, Instituto Brasileira do Crisolita, Associação Nacional dos Procuradores do Trabalho — ANPT, Conselho Federal da Ordem dos Advogados do Brasil — CFOAB, Instituto Brasileiro do Crisolita, Instituto Brasileiro de Mineração — IBRAM, Sindicato dos Trabalhadores nas Indústrias Extrativas e Beneficiamento de Minaçu Goiás e Região — STIEBEMGOR) Rel.: Min. Rosa Weber.

3.470-RJ[5], ambos de 29.11.2017, relatados pela Min. Rosa Weber, dando efeito vinculante e *erga omnes* à decisão, com o registro noticioso a seguir:

> *Por maioria de votos, o Plenário do Supremo Tribunal Federal (STF) reafirmou a declaração de inconstitucionalidade do art. 2º da Lei Federal n. 9.055/1995 que permitia a extração, industrialização, comercialização e a distribuição do uso do amianto na variedade crisolita no país. A inconstitucionalidade do dispositivo já havia sido incidentalmente declarada no julgamento da ADI n. 3937, mas na sessão desta quarta-feira (29) os ministros deram efeito vinculante e* erga omnes *(para todos) à decisão.*
>
> *A decisão ocorreu no julgamento das Ações Diretas de Inconstitucionalidade (ADIs) ns. 3406 e 3470, ambas propostas pela Confederação Nacional dos Trabalhadores da Indústria (CNTI) contra a Lei n. 3.579/2001, do Estado do Rio de Janeiro, que dispõe sobre a substituição progressiva dos produtos contendo a variedade asbesto (amianto branco). Segundo a CNTI, a lei ofenderia os princípios da livre iniciativa e invadiria a competência privativa da União.*
>
> *A relatora das ADIs ns. 3406 e 3470, ministra Rosa Weber, ao votar pela improcedência das ações, observou que a lei estadual não viola a competência da União para definir normas gerais sobre comércio, consumo e meio ambiente. Segundo ela, a opção de editar normas específicas, mais restritivas que a lei federal, foi uma escolha legítima do legislador estadual, no âmbito de sua competência concorrente suplementar. A ministra explicou que não é possível a norma estadual confrontar a diretriz geral federal, mas não há impedimento em adotar uma postura mais cautelosa.*
>
> *Para a relatora, a lei fluminense se pauta pelo princípio da precaução, demonstrando a preocupação do legislador com o*

---

[5] ADI n. 3.470-RJ, de 29.11.2017 (Confederação Nacional dos Trabalhadores na Indústria — CNTI. Intdo.(a/s): Governador do Estado do Rio de Janeiro e Assembleia Legislativa do Estado do Rio de Janeiro. Am. Curiae: Conselho Federal da Ordem dos Advogados do Brasil — CFOAB, Sindicato dos Trabalhadores nas Indústrias Extrativas e Beneficiamento de Minaçu Goiás e Região — STIEBEMGOR e Instituto Brasileiro de Crisotila). Rel.: Min. Rosa Weber.

meio ambiente e a saúde humana e não cria uma regulamentação paralela à federal, apenas regula aspectos relacionados à produção e consumo do amianto. Ela destacou que a lei estadual não afeta diretamente relações comerciais e de consumo e incide apenas nos limites territoriais do estado, não representando relaxamento das condições mínimas de segurança exigidas na legislação federal para a extração, comercialização e transporte do amianto e dos produtos que o contenham.

A ministra considera que lei federal e a lei do Rio de Janeiro orientam-se na mesma direção, mas a lei estadual resolveu avançar onde a federal parou. "Ao impor nível de proteção mínima, a ser observada em todos os estados da federação, a lei federal não pode ser apontada como um obstáculo à maximização dessa proteção", afirmou a ministra.

Seguiram a relatora os ministros Edson Fachin, Luiz Fux, Gilmar Mendes, Celso de Mello e a presidente, ministra Cármen Lúcia. O ministro Dias Toffoli acompanhou o entendimento na ADI n. 3470, estando impedido na votação da ADI n. 3406.

Divergência

O ministro Alexandre de Moraes votou pela procedência parcial das ADIs, por considerar que os arts. 2º e 3º da lei fluminense, que proíbem a extração e utilização do amianto no estado, não estão de acordo com a Constituição Federal. O ministro Marco Aurélio julgou ambas as ações totalmente procedentes.

O ministro Luís Roberto Barroso não participou da votação, por impedimento.[1]

Logo após, o STF considerou, a 30.11.2017, constitucionais três leis estaduais que proibiam o uso do amianto. Assim, as leis dos Estados de Pernambuco e do Rio Grande do Sul, pelas ADI ns. 3.356-PE[2]

---

[1] Disponível em: <http://www.stf.jus.br/portal/cms/verNoticiaDetalhe.asp?idConteudo =363263>. Acesso em: 11 dez. 2017.

[2] ADI n. 3.356-PE, de 30.11.2017 (Confederação Nacional dos Trabalhadores na Indústria — CNTI vs. Governador do Estado de Pernambuco, Assembleia Legislativa do Estado de Pernambuco. Intdos.: Associação Brasileira dos Expostos ao Amianto — ABREA e Instituto Brasileiro de Crisotila). Rel.: Dias Toffoli.

e 3.357-RS[3], respectivamente, relatadas pelo Min. Dias Toffoli, e duas normas do Município de São Paulo, pela ADPF n. 109-SP[4], da relatoria do Min. Edson Fachin, proíbem essa prática e foram mantidas incólumes pela Suprema Corte. O registro noticioso é o seguinte:

> *Na sessão desta quinta-feira (30), o Plenário do Supremo Tribunal Federal (STF) finalizou o julgamento de outras três ações contra leis locais restritivas do uso do amianto crisotila. Por maioria, foram julgadas improcedentes a Arguição de Descumprimento de Preceito Fundamental (ADPF) 109, contra norma do Município de São Paulo, e as Ações Diretas de Inconstitucionalidade (ADI) 3356, contra lei estadual de Pernambuco, e a ADI 3357, contra lei do Rio Grande do Sul.*
>
> *As três ações foram ajuizadas pela Confederação Nacional dos Trabalhadores na Indústria (CNTI) e, em todos os casos a alegação é de que as leis, ao tratarem sobre normas gerais de produção, comércio e consumo de produtos à base de amianto, teriam invadido a competência legislativa da União. A entidade apontava, ainda, ofensa ao princípio da livre iniciativa.*
>
> *Seguindo o entendimento firmado no julgamento conjunto das ADIs ns. 3406 e 3470, realizado na sessão de ontem (29), o Plenário declarou a inconstitucionalidade do art. 2º da Lei Federal n. 9.055/1995, que autorizava a extração, industrialização, comercialização e a distribuição do uso do amianto na variedade crisotila no país. Votaram neste sentido os ministros Alexandre de Moraes, Edson Fachin, Rosa Weber, Luiz Fux, Dias Toffoli, Gilmar Mendes, Celso de Mello e a presidente, ministra Cármen Lúcia.*

---

[3] ADI n. 3.357-RS, de 30.11.2017 (Confederação Nacional dos Trabalhadores na Indústria. Intdos.: Governador do Estado do Rio Grande do Sul e Assembleia Legislativa do Estado do Rio Grande do Sul. Am Curiae: Associação Brasileira das Indústrias e Distribuidores de Produtos de Fibrocimento — ABIFIBRO, Associação Brasileira dos Expostos ao Amianto, Instituto Brasileiro de Crisotila, Associação Nacional dos Procuradores do Trabalho — ANPT). Rel.: Min. Dias Toffoli.

[4] ADPF n. 109-SP, de 30.11.2017 (Confederação Nacional dos Trabalhadores na Indústria vs. Câmara Municipal de São Paulo e Prefeitura do Município de São Paulo. Am. Curiae: Associação Brasileira das Indústrias e Distribuidores de Produtos de Fibrocimento — ABIFIBRO, Associação Brasileira dos Expostos ao Amianto, Instituto Brasileiro de Crisotila, Associação Nacional dos Procuradores do Trabalho — ANPT). Rel.: Min. Edson Fachin.

O ministro Alexandre de Moraes observou que, apesar de seu posicionamento individual em sentido contrário nessa matéria, acompanhou a maioria em razão do efeito vinculante e erga omnes (para todos) concedido pelo Tribunal ao julgado nas ADIs ns. 3406 e 3470. O ministro Marco Aurélio manteve o posicionamento anterior e julgou procedentes todas as ações.

ADPF n. 109

De relatoria do ministro Edson Fachin, a ação contesta a Lei municipal n. 13.113/2001, de São Paulo, e o Decreto municipal n. 41.788/2002, que proíbem o uso de amianto como matéria-prima na construção civil.

ADI n. 3356

De relatoria do ministro Eros Grau (aposentado), a ADI impugna a Lei estadual n. 12.589/2004, que dispõe sobre a proibição da fabricação, do comércio e do uso de materiais, elementos construtivos e equipamentos constituídos por amianto ou asbesto, em Pernambuco.

ADI n. 3357

De relatoria do ministro Ayres Britto (aposentado), a ação questiona a Lei estadual n. 11.643/2001, que dispõe sobre a proibição de produção e comercialização de produtos à base de amianto, no âmbito do Rio Grande do Sul.[5]

---

[5] Disponível em: <http://www.stf.jus.br/portal/cms/verNoticiaDetalhe.asp?idConteudo=363373>. Acesso em: 11 dez. 2017.

5. PLANO DE CARREIRA. INCORPORAÇÃO SALARIAL. INEFICÁCIA

Em decisão proferida no MS n. 26.280-DF[1], de 2.5.2017 o relator, Min. Edson Fachin manteve o desconto dos percentuais relativos aos planos econômicos Bresser, Verão e Collor, conservando decisão do Tribunal de Contas da União, percentuais esses que estavam incorporados às remunerações dos servidores do Ibama, na forma da sentença judicial que se transformará em coisa julgada. O noticiário a respeito do tema é o seguinte:

> *O ministro Edson Fachin, do Supremo Tribunal Federal (STF), manteve a decisão do Tribunal de Contas da União (TCU) que determinou o desconto de percentuais relativos aos Planos Bresser (julho/1987 — 26,06%), Verão (fevereiro/1989 — 26,05%) e Collor (março/1990 — 84,32%) que haviam sido incorporados às remunerações de um grupo de servidores do Ibama por sentença judicial transitada em julgado. No caso em questão, os percentuais foram absorvidos pela modificação da estrutura remuneratória e o enquadramento dos celetistas no regime jurídico único dos servidores públicos civis da União (Lei n. 8.112/1990). O ministro concedeu parcialmente o Mandado de Segurança (MS) 26280, impetrado pelo Sindicato dos Servidores Públicos Federais do Estado de Rondônia (Sindsef-RO), apenas para desobrigar os servidores de devolverem valores recebidos até sua decisão.*
>
> *No mandado de segurança, o Sindsef-RO alegou que a ordem proferida pelo TCU violou o princípio da coisa julgada, tendo em vista que a vantagem foi incorporada aos vencimentos por sentença judicial transitada em julgado, que não deu margem a interpretações nem impôs qualquer limite de tempo para o recebimento dos*

---

[1] MS n. 26.280-DF, de 2.5.2017 (Sindicato dos Servidores Públicos Federais do Estado de Rondônia — SINDSEF vs. Presidente da 1ª Câmara do Tribunal de Contas da União. Lit. Pas.: União) Rel.: Min. Edson Fachin.

percentuais referentes aos planos econômicos, que foram fixados de forma permanente.

Segundo entendimento do TCU, a determinação não afronta a coisa julgada porque os valores não se incorporam aos salários dos servidores, tendo natureza de antecipação salarial. Segundo observou o TCU, não consta da sentença qualquer determinação de que as parcelas sejam pagas mesmo após o subsequente reajuste salarial. Além disso, não há direito adquirido a regime de vencimentos, motivo pelo qual uma vantagem salarial relativa ao regime celetista não se estende ao posterior enquadramento do servidor como estatutário.

Em sua decisão, o ministro Fachin citou precedentes (MS ns. 25430 e RE n. 596663) nos quais o STF reconheceu que a controvérsia em exame não se refere ao alcance da coisa julgada, mas sim à eficácia temporal da sentença. Nesse caso, ao reconhecer a existência, a inexistência ou o modo de ser das relações jurídicas, a sentença leva em consideração as circunstâncias de fato e de direito presentes no momento em que é prolatada. Com isso, por se tratar de relação jurídica de trato continuado, a eficácia temporal da sentença permanece enquanto se mantiverem inalterados esses pressupostos fáticos e jurídicos que lhe serviram de suporte (cláusula rebus sic stantibus*), perdendo sua eficácia quando é incorporada à remuneração ou à relação jurídica.*

"No caso dos autos, tendo havido modificação da estrutura remuneratória dos servidores do Ibama, a decisão que lhes favoreceu deveria ter produzido efeitos somente durante a vigência do regime jurídico anterior. Com a mudança de regime, não é possível manter o pagamento de vantagem econômica sem qualquer limitação temporal. Nos termos dos precedentes indicados nesta decisão, aos servidores substituídos pelo sindicato impetrante deve-se reconhecer apenas o direito à irredutibilidade do valor nominal da remuneração, excluídas, tal como indicou o ato impugnado, as parcelas que foram posteriormente incorporadas à remuneração em virtude de alterações legislativas", afirmou o ministro Fachin em sua decisão.[2]

---

[2] Disponível em: <http://www.stf.jus.br/portal/cms/verNoticiaDetalhe.asp?idConteudo=353599>. Acesso em: 29 ago. 2017.

6. RADIALISTA

Por meio da ADI n. 5.769-DF[1], cujo relator é o Min. Luiz Fux, está sendo questionada a constitucionalidade do art. 7º da Lei n. 13.424/17, que modificou a redação do § 4º do art. 4º da Lei n. 6.615/78, que regulamenta a profissão de radialista. O principal argumento é de que a Medida Provisória n. 747/16, convertida na Lei n. 13.424/17, objetivava apenas a renovação de concessões e permissões de serviços de radiodifusão e, durante sua tramitação no Parlamento, acrescentaram alterações no que se refere ao exercício da profissão.

O noticiário a respeito é o seguinte:

O Partido Comunista do Brasil (PCdoB) ajuizou no Supremo Tribunal Federal (STF) a Ação Direta de Inconstitucionalidade (ADI) 5769 para questionar o art. 7º da Lei n. 13.424/2017 que altera a regulamentação da profissão de radialista. O relator da ADI é o ministro Luiz Fux.

O dispositivo questionado alterou a redação do § 4º do art. 4º da Lei n. 6.615/1978, que regulamenta a profissão de radialista, e incluiu os incisos I e II. O art. 4º lista as atividades compreendidas na profissão, e o parágrafo, na redação original, estabelecia que "as denominações e descrições das funções em que se desdobram as atividades e os setores mencionados nos parágrafos anteriores constarão do regulamento". Com a mudança, essas denominações e descrições, além de passarem a ser "previstas e atualizadas em regulamento", devem considerar "as ocupações e multifuncionalidades geradas pela digitalização das emissoras de radiodifusão, novas tecnologias, equipamentos e meios de informação e comunicação" (inciso I) e "exclusivamente as funções

---

[1] ADI n. 5.769-DF, de 10.10.2017 (Partido Comunista do Brasil. Intdos.: Presidente da República e Congresso Nacional). Rel.: Min. Luiz Fux.

técnicas ou especializadas, próprias das atividades de empresas de radiodifusão" (inciso II).

O partido alega que a alteração legislativa contém vícios formais e materiais que afrontam diretamente a Constituição Federal. Segundo a argumentação, a Lei n. 13.424/2017 teve origem na Medida Provisória n. 747/2016, cujo objeto originário era a renovação de concessões e permissões dos serviços de radiodifusão. No entanto, ao longo do processo legislativo, foi inserida emenda que alterava a regulamentação da profissão de radialista. Segundo o autor da emenda, o objetivo seria corrigir defasagens da lei em relação às atribuições do profissional, diante das mudanças tecnológicas no setor.

A emenda tinha o objetivo de promover uma reestruturação na profissão de radialista, fato este que, irrefutavelmente, foge e muito do objeto da medida provisória editada", sustenta o PCdoB, que aponta a ocorrência da figura do "contrabando legislativo" na etapa de conversão da medida provisória em lei. "O 'contrabando legislativo' não é mera inobservância de forma, mas um procedimento antidemocrático, em que se subtrai do debate legislativo a discussão sobre normas que integrarão estavelmente o mundo jurídico", afirma. "Ao se optar por este 'método' de introdução de emenda impediu-se que os dispositivos questionados fossem analisados por comissões temáticas, fossem objeto de audiências públicas e que fosse debatido e refletido de forma mais aprofundada.

Do ponto de vista do conteúdo da norma, o argumento é o de que a alteração, com base nos dois incisos a serem considerados, tem o claro intuito de fazer valer, especificamente para os radialistas, o conceito de multifuncionalidade. A petição inicial explica que regulamento "é um ato administrativo geral e normativo, expedido privativamente pelo chefe do Executivo, por meio de decreto, visando explicar o modo e a forma de execução da lei ou prover situações não disciplinadas em lei", e está previsto no art. 84, inciso IV, da Constituição. O poder regulamentar, segundo a argumentação, não é Poder Legislativo, e, portanto, "não pode criar normatividade que inove a ordem jurídica". Assim, a lei, ao atribuir a atualização das atividades a um decreto ou regulamento *"na realidade promove a concessão de um exercício exorbitante e inconstitucional a estes atos normativos infralegais".*

O PCdoB pede a concessão de medida cautelar para suspender a eficácia do dispositivo, sustentando que, se o ato regulamentar se concretizar, "o que está para acontecer", poderá ocasionar graves danos aos profissionais radialistas. No mérito, pede a declaração da inconstitucionalidade do artigo impugnado.[2]

O despacho do Min. Luiz Fux, de 10.10.2017, dando andamento à ADI, bem elucinada o tema:

AÇÃO DIRETA DE INCONSTITUCIONALIDADE. DIREITO CONSTITUCIONAL. DISCIPLINA DA PROFISSÃO DE RADIALISTA. ART. 7º DA LEI FEDERAL N. 13.424/2017, QUE MODIFICOU O ART. 4º DA LEI FEDERAL N. 6.615/1978. ALEGAÇÃO DE AFRONTA AOS ARTS. 1º, CAPUT E PARÁGRAFO ÚNICO; 2º, CAPUT; 5º, CAPUT E LIV; 49, V; 60, § 4º, III; E 84, IV, DA CONSTITUIÇÃO FEDERAL. DISPOSITIVO LEGAL ADVINDO DE EMENDA PARLAMENTAR SEM PERTINÊNCIA TEMÁTICA COM A MEDIDA PROVISÓRIA SUBMETIDA AO PROCESSO DE CONVERSÃO EM LEI. EXTRAPOLAÇÃO DO PODER REGULAMENTAR. APLICAÇÃO DO RITO DO ART. 12 DA LEI N. 9.868/1999.

Decisão: Trata-se de ação direta de inconstitucionalidade, com pedido de medida cautelar, ajuizada pelo Partido Comunista do Brasil, tendo por objeto o art. 7º da Lei federal n. 13.424/2017, que modificou o art. 4º da Lei federal n. 6.615/1978. Como parâmetro de controle, arguiram-se os arts. 1º, caput e parágrafo único; 2º, caput; 5º, caput e LIV; 49, V; 60, § 4º, III; e 84, IV, da Constituição Federal.

Eis o teor do dispositivo legal impugnado, in verbis:

Art. 7º O art. 4º da Lei n. 6.615, de 16 de dezembro de 1978, passa a vigorar com as seguintes alterações:

Art.4º ....
..

---

[2] Disponível em: <http://www.stf.jus.br/portal/cms/verNoticiaDetalhe.asp?idConteudo =355097>. Acesso em: 31 out. 2017.

§ 4º As denominações e descrições das funções em que se desdobram as atividades e os setores mencionados nos §§ 1º, 2º e 3º, a serem previstas e atualizadas em regulamento, deverão considerar:

I — as ocupações e multifuncionalidades geradas pela digitalização das emissoras de radiodifusão, novas tecnologias, equipamentos e meios de informação e comunicação;

II — exclusivamente as funções técnicas ou especializadas, próprias das atividades de empresas de radiodifusão. (NR)

A redação original do art. 4º da Lei federal n. 6.615/1978 apresenta o seguinte teor:

Art. 4º A profissão de Radialista compreende as seguintes atividades:

I — Administração;

II — Produção;

III — Técnica.

§ 1º As atividades de administração compreendem somente as especializadas, peculiares às empresas de radiodifusão.

§ 2º As atividades de produção se subdividem nos seguintes setores:

a) autoria;

b) direção;

c) produção;

d) interpretação;

e) dublagem;

f) locução;

g) caracterização;

h) cenografia.

§ 3º As atividades técnicas se subdividem nos seguintes setores:

a) direção;

b) tratamento e registros sonoros;

c) tratamento e registros visuais;

d) montagem e arquivamento;

e) transmissão de sons e imagens;

f) revelação e copiagem de filmes;

g) artes plásticas e animação de desenhos e objetos;

h) manutenção técnica.

§ 4º As denominações e descrições das funções em que se desdobram as atividades e os setores mencionados nos parágrafos anteriores constarão do regulamento. (parágrafo alterado pelo dispositivo legal ora impugnado)

As normas constitucionais tidas por violadas dispõem, in verbis*:*

Art. 1º A República Federativa do Brasil, formada pela união indissolúvel dos Estados e Municípios e do Distrito Federal, constitui-se em Estado Democrático de Direito e tem como fundamentos:

(...)

Parágrafo único. Todo o poder emana do povo, que o exerce por meio de representantes eleitos ou diretamente, nos termos desta Constituição.

Art. 2º São Poderes da União, independentes e harmônicos entre si, o Legislativo, o Executivo e o Judiciário.

(...)

Art. 5º Todos são iguais perante a lei, sem distinção de qualquer natureza, garantindo-se aos brasileiros e aos estrangeiros residentes no País a inviolabilidade do direito à vida, à liberdade, à igualdade, à segurança e à propriedade, nos termos seguintes:

(...)

LIV — ninguém será privado da liberdade ou de seus bens sem o devido processo legal;

Art. 49. É da competência exclusiva do Congresso Nacional:

(...)

V — sustar os atos normativos do Poder Executivo que exorbitem do poder regulamentar ou dos limites de delegação legislativa;

Art. 60. A Constituição poderá ser emendada mediante proposta:

(...)

§ 4º Não será objeto de deliberação a proposta de emenda tendente a abolir:

(...)

III — a separação dos Poderes;

Art. 84. Compete privativamente ao Presidente da República:

(...)

IV — sancionar, promulgar e fazer publicar as leis, bem como expedir decretos e regulamentos para sua fiel execução;

O requerente sustentou a existência de inconstitucionalidade formal no dispositivo legal impugnado, porquanto advindo de emenda parlamentar sem pertinência temática com a medida provisória submetida ao processo de conversão em lei, in verbis:

A proposta de edição de medida provisória apresentada pelo Sr. Gilberto Kassab, em 22 de setembro de 2016, então Ministro da Ciência, Tecnologia, Inovação e Comunicação, ao Senhor Presidente da República trazia, na sua exposição de motivos, a sua finalidade geral e originária, qual seja a de disciplinar os prazos e procedimentos dos pedidos de renovação de concessão e permissão dos serviços de radiodifusão, matéria prevista no art. 223 da Constituição da República Federativa do Brasil de 1988 e na Lei n. 5.785/72, que prorroga o prazo das concessões e permissões para a execução dos serviços de radiodifusão sonora, especialmente o seu art. 4º.

Propunha-se, ainda, disciplinar a possibilidade de se realizar a transferência direta e indireta da concessão e permissão enquanto se processa a renovação da outorga. (...)

Em análise dos critérios de relevância e urgência, a Presidência da República, no exercício de suas atribuições previstas no art. 62 da CF/88, editou a Medida Provisória n. 747, de 30 de setembro de 2016, nos exatos termos da proposta supramencionada, consoante se observa no documento que segue em anexo.

É notório, portanto, que este ato normativo se restringia a dispor, apenas, sobre o processo de renovação das concessões e permissões para a execução dos serviços de radiodifusão.

Pois bem. Submetida a MP ao Congresso Nacional, foram apresentadas diversas emendas parlamentares, das quais se destaca a proposta pelo Deputado Sandro Alex, em outubro de 2016, a qual pretendia acrescer à MP o seguinte dispositivo:

Art. 5º O art. 4º da Lei n. 6.615, de 16 de dezembro de 1978, passa a vigorar com a seguinte redação:

Art. 4º ....
..

§ 4º As denominações e descrições das funções em que se desdobram as atividades e os setores mencionados nos parágrafos anteriores, a serem previstas e atualizadas em regulamento, deverão considerar:

I — as ocupações e multifuncionalidades geradas pela digitalização das emissoras de radiodifusão, novas tecnologias, equipamentos e meios de informação e comunicação;

II — exclusivamente as funções técnicas ou especializadas, próprias das atividades de empresas de radiodifusão. (NR)

Art. 6º Esta lei entra em vigor na data de sua publicação, procedendo-se à primeira atualização de que trata o § 4º do art. 4º da Lei n. 6.615, de 16 de dezembro de 1978, no prazo de até 90 (noventa) dias subsequentes.

(...)

Ora, claramente notável que a referida emenda tinha o objetivo de promover uma reestruturação na profissão de radialista, fato este que, irrefutavelmente, foge e muito do objeto da medida provisória editada. Isto porque, esta em nada disciplinava alterações acerca da descrição das funções desempenhadas pelos radialistas que levasse em consideração as ocupações e multifuncionalidades geradas pela digitalização das emissoras de radiodifusão.

Todavia, mesmo diante da ausência de pertinência da referida emenda e em total inobservância do § 4º do art. 4º da Resolução n. 1/20024 do Congresso Nacional, a MP fora convertida na Lei n. 13.424/17, a qual trouxe em sua redação, especificamente no art. 7º, a alteração advinda da emenda parlamentar do Deputado Sandro Alex.

(...)

Portanto, é notória a ocorrência da figura do 'Contrabando Legislativo' na etapa de conversão da Medida Provisória n. 747 na Lei n. 13.424. Também definido como instrumento de suposta adequação da temática da MP quando são incorporadas emendas ao conteúdo inicial com temática distinta daquela objeto da Medida Provisória e, assim sendo, visivelmente escapa ao escopo fundante proposto.

Demais disso, o requerente também alegou a existência de inconstitucionalidade material no dispositivo legal impugnado, por ofensa ao princípio da legalidade, ante a "extrapolação do poder regulamentar ao atribuir a regulamento ou decreto o poder de prever e atualizar as denominações e descrições das funções em que se desdobram as atividades e os setores da profissão de radialista, levando-se em consideração as ocupações e multifuncionalidades geradas pela digitalização".

É o relatório.

Diante do contexto relativo à presente ação direta, denota-se que o assunto se reveste de plausibilidade normativa, caracterizada pela relevância da matéria e de seu especial significado para a ordem social e para a segurança jurídica.

Nesse particular, entendo que deve ser aplicado o preceito veiculado pelo art. 12 da Lei n. 9.868/1999.

Enfatizo a conveniência de que decisão venha a ser tomada em caráter definitivo, mediante adoção do rito abreviado em sede de fiscalização abstrata de normas.

Ex positis, notifiquem-se as autoridades requeridas, para que prestem informações, no prazo máximo de 10 (dez) dias. Após, dê-se vista ao Advogado-Geral da União (AGU) e ao Procurador--Geral da República (PGR), sucessivamente, no prazo de 5 (cinco) dias, para que cada qual se manifeste na forma da legislação vigente.

À Secretaria Judiciária para as devidas providências.

Publique-se. Intime-se.[3]

---

[3] Disponível em: <http://www.stf.jus.br/portal/processo/verProcessoAndamento.asp?incidente=5251394>. Acesso em: 18 dez. 2017.

7. TERCEIRIZAÇÃO[1]

São inúmeras as críticas feitas à terceirização. Trata-se, todavia, em que pese representar mais uma das formas de precarização de mão de obra, de um mecanismo extremamente frequente em praticamente todos os países do mundo moderno. Equivale a *outsourcing* do inglês, que significa, literalmente, fornecimento vindo de fora, e que ocorre quando o trabalho é desenvolvido dentro de uma empresa por outra com autonomia.

É importante assinalar que, a partir da reforma introduzida pela Lei n. 13.429/17 na Lei n. 6.019/74, é possível a terceirização de toda e qualquer atividade no Brasil, seja meio, inerente ou fim.

Não iremos recorrer a considerações doutrinárias sobre esse fenômeno do trabalho, porquanto temos reiteradamente demonstrado nossa preocupação com sua realidade e seus efeitos[2]. Examinemos as mais recentes decisões do Excelso Pretório acerca desse tema polêmico.

7.1. ATIVIDADE INERENTE. IMPOSSIBILIDADE DE EXAME PELO STF

Um dos temas relevantes da terceirização é acerca da possibilidade de sua prática nas atividades ditas inerentes, que são aquelas em que a empresa contrata outra com seus empregados para intermediar seus serviços, como venda de aparelho de telefone, colocação de postes de energia elétrica etc. Sempre entendemos possível a terceirização dessas atividades, inclusive em consonância com o disposto na Lei n. 8.987/95 — Lei Geral de Concessões e

---

[1] Sobre terceirização, v., nesta coletânea, v. 15, p. 47; v. 16, p. 39, 45 e 50; v. 17, p. 65; e v. 18, p. 70.

[2] V., por todos os nossos escritos a respeito da terceirização, o nosso *Curso de direito do trabalho*. 4. ed. São Paulo: LTr, 2018.

Permissões, mas diverso o entendimento dos tribunais brasileiros. Agora, com a nova Lei da Terceirização brasileira, é induvidoso que essa terceirização pode se efetivar.

O tema julgado na RCL n. 25.621-MS[3], de 19.10.2017, relatado pelo Min. Ricardo Lewandowski, entendeu inviável apreciar reclamação contra a aplicação da disposições da Lei da Terceirização, considerando não ter sido caracterizada violação à Súmula Vinculante n. 10. Vejamos o noticiário acerca do tema:

> *O ministro Ricardo Lewandowski, do Supremo Tribunal Federal (STF), negou seguimento (julgou incabível) à Reclamação (RCL) 25621 ajuizada Empresa Energética de Mato Grosso do Sul S/A (Enersul), que pretendia suspender os efeitos de decisão do Tribunal Superior do Trabalho (TST), o qual considerou ilícita a terceirização dos serviços de leiturista. Segundo o ministro, o pedido é incabível, pois o acórdão do TST se baseou unicamente em fundamentação legal infraconstitucional, o que não representa afronta ao enunciado da Súmula Vinculante (SV) 10 do STF, ao contrário do alegado pela empresa.*
>
> *Na RCL n. 25621, a Enersul sustentou que o TST afrontou o enunciado da Súmula Vinculante n. 10 do STF, porque teria declarado a inconstitucionalidade do art. 25 da Lei de Concessões, ainda que não expressamente, sem submetê-la ao Plenário ou ao Órgão Especial. De acordo com a súmula, viola a cláusula de reserva de plenário (art. 97 da Constituição Federal) a decisão de órgão fracionário de tribunal que, embora não declare expressamente a inconstitucionalidade de lei, afaste sua incidência no todo ou em parte.*
>
> *Em sua decisão, o ministro Lewandowski destacou que a reclamação perante o STF é cabível para preservar a competência do Tribunal, para garantir a autoridade de suas decisões e para garantir a observância de enunciado de Súmula Vinculante ou de decisão da Corte em controle concentrado de constitucionalidade.*

---

[3] RCL n. 25.621-MS, de 19.10.2017 (Empresa Energética de Mato Grosso do Sul S/A — ENERSUL *vs.* Tribunal Superior do Trabalho. Intdos: Floripark Energia Ltda. e Luziano Batista Da Silva) Rel.: Min. Ricardo Lewandowski.

No caso dos autos, observou que não houve violação da SV n. 10 pois, para reconhecer o vínculo de emprego direto de um leiturista com a Enersul, a Segunda Turma do TST se baseou apenas na interpretação dos dispositivos infraconstitucionais (art. 25 da Lei n. 8.987/95 — Lei Geral de Concessões e Permissões), que não autoriza a terceirização da atividade-fim das empresas concessionárias de serviço público, não utilizando em seus fundamentos qualquer norma constitucional.

"Verifico que o acórdão reclamado não declarou inconstitucional a Lei n. 8.897/1995, tampouco afastou a aplicação da referida legislação infraconstitucional com apoio em fundamentos extraídos da Constituição. Com efeito, apenas interpretaram-se os dispositivos infraconstitucionais e os fatos pertinentes ao caso concreto", argumenta o relator.

O ministro também revogou a liminar que havia concedido anteriormente para suspender os efeitos do acórdão do TST até o julgamento final desta RCL n. 25621.[4]

7.2. INCONSTITUCIONALIDADE. LEI N. 13.429/2017

Por meio da Lei n. 13.429/17, foram introduzidos dispositivos regulando a terceirização no Brasil e inseridos na Lei n. 6.019/74, que cuidava, originalmente, de trabalho temporário.

Diversas ADIs foram apresentadas à Suprema Corte, objetivando a declaração de inconstitucionalidade dos dispositivos introduzidos na Lei n. 6.109/74 pela Lei n. 13.429/17, mas, é importante recordar que a Lei n. 13.467/17, que promoveu grandes mudanças na legislação trabalhista, também alterou a Lei n. 6.109/74.

A última das cinco ADIs ajuizadas foi a ADI 5.735-DF[5], da Procuradoria Geral da República, distribuída, por prevenção, ao Min. Gilmar

---

[4] Disponível em: <http://www.stf.jus.br/portal/cms/verNoticiaDetalhe.asp?idConteudo=359786>. Acesso em: 31 out. 2017.

[5] ADI n. 5.735-DF (Procurador-Geral da República. Intdo.(a/s) :Congresso Nacional e Presidente da República. Am. Curiae.: CEBRASSE — Central Brasileira do Setor de Serviços, Federação Brasileira de Telecomunicações — FEBRATEL e Confederação Nacional dos Servidores Públicos — CNSP, Rel.: Min. Gilmar Mendes.

Mendes, que já recebera as ADIs anteriores: 5.695-DF[6], 5.685-DF[7], 5.686-DF[8] e 5.687-DF[9]. O julgamento das ADIs ainda não ocorreu.

O noticiário acerca dessas ADIs é o seguinte:

O procurador-geral da República, Rodrigo Janot, apresentou ao Supremo Tribunal Federal (STF) Ação Direta de Inconstitucionalidade (ADI n. 5735) contra a Lei n. 13.429/2017 (Lei das Terceirizações). Além de apontar vícios na tramitação do projeto legislativo que resultou na lei, Janot sustenta que o texto aprovado viola diversos dispositivos constitucionais.

Segundo o procurador-geral, a ampliação "desarrazoada" do regime de locação de mão de obra temporária para atender a "demandas complementares" das empresas, aliada à triplicação do prazo máximo do contrato temporário de três meses para 270 dias, rompe com o caráter excepcional do regime de intermediação de mão de obra, viola o regime constitucional de emprego socialmente protegido (art. 7º, inciso 1º, da Constituição Federal), esvazia a eficácia dos direitos fundamentais sociais dos trabalhadores (arts. 1º, 7º a 11, 170, incisos VII e VIII, e 193) e vulnera o cumprimento, pelo Brasil, da Declaração de Filadélfia e das Convenções ns. 29 e 155 da Organização Internacional do Trabalho (OIT).

Ao pedir a suspensão liminar da eficácia de diversos dispositivos da lei, o procurador-geral argumenta que, se forem mantidos seus efeitos, "grande contingente, de milhares de postos de emprego direto, pode ser substituído por locação de mão de obra temporária e por empregos terceirizados em atividades finalísticas, com precaríssima proteção social". Segundo o pedido, "novos postos de trabalho em atividades finalísticas de empresas públicas

---

[6] ADI n. 5.695-DF (Confederação Nacional dos Trabalhadores na Indústria Química e Confederação Nacional dos Trabalhadores nas Indústrias Têxtil, Vestuário, Couro e Calçados Intdos.: Presidente da República e Congresso Nacional). Rel.: Min. Gilmar Mendes.

[7] ADI n. 5.685-DF (Rede Sustentabilidade. Intdos.: Presidente da República e Congresso Nacional). Rel.: Min. Gilmar Mendes.

[8] ADI n. 5.686-DF (Confederação Nacional das Profissões Liberais. Intdos.: Presidente da República e Congresso Nacional) Rel.: Min. Gilmar Mendes.

[9] ADI n. 5.687-DF (Partido dos Trabalhadores e Partido Comunista do Brasil. Intdos.: Presidente da República e Congresso Nacional). Rel.: Min. Gilmar Mendes.

e privadas também podem ser submetidos a regime de terceirização, enquanto se aguarda julgamento de mérito da demanda, com afronta de dificílima reversão às normas constitucionais afetadas e impacto direto na vida dos trabalhadores.

A ADI n. 5735 foi distribuída, por prevenção, ao ministro Gilmar Mendes, relator também da ADI n. 5695, ajuizada pelas Confederações Nacionais dos Trabalhadores da Indústria Química e dos Trabalhadores na Indústria Têxtil e de Vestuário, da ADI n. 5685, ajuizada pela Rede Sustentabilidade, da ADI n. 5686, protocolada pela Confederação Nacional das Profissões Liberais, e da ADI n. 5687, de autoria do Partido dos Trabalhadores (PT) e do Partido Comunista do Brasil (PCdoB).[10]

7.3. RESPONSABILIDADE DE ENTE PÚBLICO. REPERCUSSÃO GERAL

No julgamento do RE n. 760.931-DF[11], a 30.3.2017, o STF definiu tese de repercussão geral acerca da responsabilidade dos entes públicos no que respeita à terceirização, no sentido de não transferir automaticamente para o poder público os encargos trabalhistas inadimplidos pelo contratado.

O aresto, redigido pelo Min. Luiz Fux, está assim ementado:

RECURSO EXTRAORDINÁRIO REPRESENTATIVO DE CONTROVÉRSIA COM REPERCUSSÃO GERAL. DIREITO CONSTITUCIONAL. DIREITO DO TRABALHO. TERCEIRIZAÇÃO NO ÂMBITO DA ADMINISTRAÇÃO PÚBLICA. SÚMULA N. 331, IV E V, DO TST. CONSTITUCIONALIDADE DO ART. 71, § 1º, DA LEI N. 8.666/93. TERCEIRIZAÇÃO COMO MECANISMO ESSENCIAL

---

[10] Disponível em: <http://www.stf.jus.br/portal/cms/verNoticiaDetalhe.asp?idConteudo=347835>. Acesso em: 29 ago. 2017.

[11] RE n. 760.931-DF, de 30.3.2017 (União *vs.* Priscila Medeiros Nunes e Evolution Administradora de Serviços Terceirizados Ltda.. Am. Curiae: Estado de São Paulo, Federação Nacional das Empresas de Serviços e Limpeza Ambiental, Câmara Técnica do Colégio Nacional de Procuradores-Gerais dos Estados e do Distrito Federal, VALEC — Engenharia, Construções e Ferrovias S. A., Associação Brasileira das Secretarias de Finanças das Capitais Brasileiras — ABRASF, Defensoria Pública da União). Red. do Acórdão: Min. Luiz Fux.

PARA A PRESERVAÇÃO DE POSTOS DE TRABALHO E ATENDIMENTO DAS DEMANDAS DOS CIDADÃOS. HISTÓRICO CIENTÍFICO. LITERATURA: ECONOMIA E ADMINISTRAÇÃO. INEXISTÊNCIA DE PRECARIZAÇÃO DO TRABALHO HUMANO. RESPEITO ÀS ESCOLHAS LEGÍTIMAS DO LEGISLADOR. PRECEDENTE: ADC N. 16. EFEITOS VINCULANTES. RECURSO PARCIALMENTE CONHECIDO E PROVIDO. FIXAÇÃO DE TESE PARA APLICAÇÃO EM CASOS SEMELHANTES.

1. A dicotomia entre "atividade-fim" e "atividade-meio" é imprecisa, artificial e ignora a dinâmica da economia moderna, caracterizada pela especialização e divisão de tarefas com vistas à maior eficiência possível, de modo que frequentemente o produto ou serviço final comercializado por uma entidade comercial é fabricado ou prestado por agente distinto, sendo também comum a mutação constante do objeto social das empresas para atender a necessidades da sociedade, como revelam as mais valiosas empresas do mundo. É que a doutrina no campo econômico é uníssona no sentido de que as "Firmas mudaram o escopo de suas atividades, tipicamente reconcentrando em seus negócios principais e terceirizando muitas das atividades que previamente consideravam como centrais" (ROBERTS, John. The Modern Firm: Organizational Design for Performance and Growth. Oxford: Oxford University Press, 2007).

2. A cisão de atividades entre pessoas jurídicas distintas não revela qualquer intuito fraudulento, consubstanciando estratégia, garantida pelos arts. 1º, IV, e 170 da Constituição brasileira, de configuração das empresas, incorporada à Administração Pública por imperativo de eficiência (art. 37, caput, CRFB), para fazer frente às exigências dos consumidores e cidadãos em geral, justamente porque a perda de eficiência representa ameaça à sobrevivência da empresa e ao emprego dos trabalhadores.

3. Histórico científico: Ronald H. Coase, "The Nature of The Firm", Economica (new series), Vol. 4, Issue 16, p. 386-405, 1937. O objetivo de uma organização empresarial é o de reproduzir a distribuição de fatores sob competição atomística dentro da firma, apenas fazendo sentido a produção de um bem ou serviço internamente em sua estrutura quando os custos disso não ultrapas-

sarem os custos de obtenção perante terceiros no mercado, estes denominados "custos de transação", método segundo o qual firma e sociedade desfrutam de maior produção e menor desperdício.

4. A Teoria da Administração qualifica a terceirização (outsourcing) como modelo organizacional de desintegração vertical, destinado ao alcance de ganhos de performance por meio da transferência para outros do fornecimento de bens e serviços anteriormente providos pela própria firma, a fim de que esta se concentre somente naquelas atividades em que pode gerar o maior valor, adotando a função de "arquiteto vertical" ou "organizador da cadeia de valor".

5. A terceirização apresenta os seguintes benefícios: (i) aprimoramento de tarefas pelo aprendizado especializado; (ii) economias de escala e de escopo; (iii) redução da complexidade organizacional; (iv) redução de problemas de cálculo e atribuição, facilitando a provisão de incentivos mais fortes a empregados; (v) precificação mais precisa de custos e maior transparência; (vi) estímulo à competição de fornecedores externos; (vii) maior facilidade de adaptação a necessidades de modificações estruturais; (viii) eliminação de problemas de possíveis excessos de produção; (ix) maior eficiência pelo fim de subsídios cruzados entre departamentos com desempenhos diferentes; (x) redução dos custos iniciais de entrada no mercado, facilitando o surgimento de novos concorrentes; (xi) superação de eventuais limitações de acesso a tecnologias ou matérias-primas; (xii) menor alavancagem operacional, diminuindo a exposição da companhia a riscos e oscilações de balanço, pela redução de seus custos fixos; (xiii) maior flexibilidade para adaptação ao mercado; (xiii) não comprometimento de recursos que poderiam ser utilizados em setores estratégicos; (xiv) diminuição da possibilidade de falhas de um setor se comunicarem a outros; e (xv) melhor adaptação a diferentes requerimentos de administração, know-how e estrutura, para setores e atividades distintas.

6. A Administração Pública, pautada pelo dever de eficiência (art. 37, caput, da Constituição), deve empregar as soluções de mercado adequadas à prestação de serviços de excelência à população com os recursos disponíveis, mormente quando demons-

trado, pela teoria e pela prática internacional, que a terceirização não importa precarização às condições dos trabalhadores.

7. O art. 71, § 1º, da Lei n. 8.666/93, ao definir que a inadimplência do contratado, com referência aos encargos trabalhistas, não transfere à Administração Pública a responsabilidade por seu pagamento, representa legítima escolha do legislador, máxime porque a Lei n. 9.032/95 incluiu no dispositivo exceção à regra de não responsabilização com referência a encargos trabalhistas.

8. Constitucionalidade do art. 71, § 1º, da Lei n. 8.666/93 já reconhecida por esta Corte em caráter erga omnes e vinculante: ADC 16, Relator(a): Min. CEZAR PELUSO, Tribunal Pleno, julgado em 24.11.2010.

9. Recurso Extraordinário parcialmente conhecido e, na parte admitida, julgado procedente para fixar a seguinte tese para casos semelhantes: "O inadimplemento dos encargos trabalhistas dos empregados do contratado não transfere automaticamente ao Poder Público contratante a responsabilidade pelo seu pagamento, seja em caráter solidário ou subsidiário, nos termos do art. 71, § 1º, da Lei n. 8.666/93".[12]

---

[12] Disponível em: <http://www.stf.jus.br/portal/processo/verProcessoAndamento.asp?incidente=4434203>. Acesso em: 3 jan. 2018.

8. TRABALHO INTERMITENTE

O contrato de trabalho intermitente é uma modalidade nova no Direito brasileiro. Foi formalizado pelas mudanças que a Lei n. 13.467/17 introduziu na CLT e alterado pela Medida Provisória n. 808/17. A definição legal desse tipo de contrato está no § 3º do art. 443 da CLT, *verbis*:

> § 3º *Considera-se como intermitente o contrato de trabalho no qual a prestação de serviços, com subordinação, não é contínua, ocorrendo com alternância de períodos de prestação de serviços e de inatividade, determinados em horas, dias ou meses, independentemente do tipo de atividade do empregado e do empregador, exceto para os aeronautas, regidos por legislação própria.*

Diversas ADIs questionam na STF esse tipo de trabalho descontínuo, certamente outra forma de precarizar o trabalho em nosso país, sendo relator prevento o Min. Édson Fachin. Não ocorreu nenhum manifestação da Suprema Corte. Transcrevemos o noticiário referente à ADI n. 5.826-DF[13], de 30.11.2017, porque abrange mais dispositivos, que as demais (ADI ns. 5829-DF[14] e 5.806-DF[15]):

> *A Federação Nacional dos Empregados em Postos de Serviços de Combustíveis e Derivados de Petróleo (Fenepospetro)*

---

[13] ADI n. 5.826-DF, de 30.11.2017 (Federação Nacional dos Empregados em Postos de Serviços de Combustíveis e Derivados de Petróleo — FENEPOSPETRO. Intdos.: Presidente da República e Congresso Nacional). Rel.: Min. Édson Fachin.

[14] ADI n. 5.829-DF, de 30.11.2017 (FENATTEL — Federação Nacional dos Trabalhadores em Empresas de Telecomunicações e Operadores de Mesas Telefônicas. Intdos.: Presidente da República e Congresso Nacional). Rel.: Min. Edson Fachin.

[15] ADI n. 5.806-DF, de 8.11.2017 (Reqte.(s): Confederação Nac. dos Trab. na Ativ. Profis. dos Empreg. na Prest. de Serv. de Seg. Priv. e de Monitor Ronda Mot. e de Control. Eletro-Eletrônico e Digital. Intdos.: Presidente da República e Congresso Nacional) Rel.: Min. Edson Fachin.

ajuizou, no Supremo Tribunal Federal (STF), Ação Direta de Inconstitucionalidade (ADI n. 5826) para questionar dispositivos da chamada reforma trabalhista (Lei n. 13.467/2017) que preveem o contrato de trabalho intermitente. O caso está sob relatoria do ministro Edson Fachin, que adotou o rito do art. 12 da Lei n. 9.868/99, para submeter o mérito do processo diretamente ao Plenário, sem análise de liminar.

De acordo com a entidade, o trabalho intermitente é um contrato em que a prestação de serviço, com subordinação, não é contínua, ocorrendo alternadamente períodos de trabalho e de inatividade, podendo ser determinado por hora, dias e meses, sem jornada fixa. Muito embora tenha sido introduzido no ordenamento jurídico sob o pretexto de ampliar a contratação de trabalhadores em um período de crise que assola o país, a Federação entende que, na realidade, o contrato intermitente propicia a precarização da relação de emprego, servindo inclusive de desculpa para o pagamento de salários inferiores ao mínimo constitucionalmente assegurado e que não atendem às necessidades básicas do trabalhador e de sua família, no tocante à moradia, alimentação, educação, saúde e lazer.

O que se visa com o contrato de trabalho intermitente é o favorecimento da atividade empresarial em detrimento do trabalhador que é a parte hipossuficiente da relação de emprego, ficando clara a chamada "coisificação da pessoa humana", denunciada desde a época da Revolução Francesa, diz a ação.

Direitos fundamentais

As questões afetas aos direitos humanos, ressalta a entidade na ação, uma vez reconhecidas como direitos fundamentais na ordem interna, ou, em sua dimensão global na sociedade internacional, consolidam-se no ordenamento jurídico. A partir daí, não há mais como o Estado regredir ou retroceder diante dos direitos fundamentais reconhecidos — o chamado princípio da vedação ao retrocesso. Esse princípio, diz a federação, tem como conteúdo primordial a proibição de o legislador reduzir, suprimir, diminuir, ainda que parcialmente, o direito social já materializado em âmbito legislativo e na consciência geral.

E, para a entidade, o dispositivo questionado viola os princípios da dignidade da pessoa humana e da isonomia, e desrespeita os incisos XIII e XVI do art. 7º da Constituição, que tratam da duração da jornada de trabalho e da remuneração do serviço extraordinário. Além disso, a ausência de garantia de jornada e, por conseguinte, de salário, não garante a subsistência do trabalhador e de sua família com pagamento do salário mínimo mensal constitucional em manifesta ofensa ao art. 7º (incisos IV e VII) da Constituição, nem o acesso a direitos sociais como trabalho, moradia, alimentação, saúde, segurança estabelecidos no art. 6º (cabeça) da CF.

A federação pede a declaração de inconstitucionalidade dos arts. 443 (cabeça e § 3º), 452-A (cabeça e parágrafos), 452-B, 452-D, 452-C, 452-E, 452-F, 452-G, 452-H e 911 (cabeça e parágrafos 1º e 2º), todos da Consolidação das Leis do Trabalho.[16]

---

[16] Disponível em: <http://www.stf.jus.br/portal/cms/verNoticiaDetalhe.asp?idConteudo=363662>. Acesso em: 11 dez. 2017.

PARTE II
DIREITOS COLETIVOS

1. RECEITA SINDICAL

Uma das grandes preocupações do sindicalismo refere-se à receita das entidades sindicais. No Brasil, tínhamos, até a vigência das modificações da Lei n. 13.467/17 introduzidas na CLT, especialmente a contribuição sindical, antes compulsória, e agora facultativa. Certamente, as entidades sindicais não gostaram da medida, exatamente no interesse oposto da quase unanimidade dos trabalhadores brasileiros.

A partir da edição dessas mudanças, os sindicatos brasileiros, especialmente os de categorias profissionais, nos seus diversos estágios, passaram a apresentar ADI perante o STF a fim de que fosse declarada a inconstitucionalidade das novidades.

No entanto, não apenas a contribuição sindical tem sido questionada. Outras parcelas, que fazem parte da receita sindical, igualmente são objeto de exame na Suprema Corte, no pertinente aos trabalhadores não sindicalizados, face possível vulneração ao princípio da liberdade sindical, na hipótese de contribuições assistencial e confederativa. E, fora da área urbana, também a contribuição sindical rural tem sua constitucionalidade questionada.

Vejamos a situação dessas diversas ações no STF.

1.1. CONTRIBUIÇÃO ASSISTENCIAL. NÃO SINDICALIZADOS[1]

No ARE n. 1.018.459-PR[2], relatado pelo Min. Gilmar Mendes, o STF resolveu, a 23.2.2017, que é proibida a cobrança de contribuição assistencial a trabalhadores não sindicalizados, decorrente de cláusula

---

[1] Sobre contribuição assistencial, v., nesta coletânea, v. 8, p. 33. E, acerca de não sindicalizados, v. 9, p. 28.

[2] ARE n. 1.018.459-PR, de 23.2.2017 (Sindicato dos Trabalhadores nas Indústrias Metalúrgicas, de Máquinas, Mecânicas, de Material Elétrico, de Veículos Automotores, de Autopeças e de Componentes e Partes para Veículos Automotores da Grande Curitiba vs. Ministério Público do Trabalho). Relator: Min. Gilmar Mendes.

de acordo ou convenção coletiva de trabalho ou de sentença normativa da Justiça do Trabalho.

A decisão da Suprema Corte, com repercussão geral, tomou por base a Súmula Vinculante n. 40, que proíbe a cobrança de contribuição confederativa aos não associados do sindicato, convalidando o entendimento do TST, consubstanciado no Precedente Normativo n. 119.

A ementa do aresto consigna:

> Recurso Extraordinário. Repercussão Geral. 2. Acordos e convenções coletivas de trabalho. Imposição de contribuições assistenciais compulsórias descontadas de empregados não filiados ao sindicato respectivo. Impossibilidade. Natureza não tributária da contribuição. Violação ao princípio da legalidade tributária. Precedentes. 3. Recurso extraordinário não provido. Reafirmação de jurisprudência da Corte.[3]

1.2. CONTRIBUIÇÃO CONFEDERATIVA[4]. NÃO SINDICALIZADOS

Com a reforma trabalhista (leia-se: Lei n. 13.467/17), está sendo questionada a Súmula n. 666 do STF, a fim de que a contribuição confederativa seja aplicada também aos trabalhadores não sindicalizados. Trata-se da ADPF 498-DF[4], relatada pelo Min. Celso de Mello. O noticiário a respeito registra:

> A Confederação Nacional das Profissões Liberais (CNPL) ajuizou a Arguição de Descumprimento de Preceito Fundamental (ADPF) 498 para questionar a Súmula n. 666 do Supremo Tribunal Federal (STF). O verbete diz que a contribuição confederativa, de que trata o art. 8º, inciso IV, da Constituição Federal (CF), só pode ser exigida dos filiados a sindicato.
>
> A entidade defende que a súmula está em descompasso com novas circunstâncias fáticas que tornam necessária sua aná-

---

[3] Disponível em: <http://www.stf.jus.br/portal/processo/verProcessoAndamento.asp?incidente=5112803>. Acesso em: 21 dez. 2017.

[4] ADPF n. 498-DF (Confederação Nacional dos Profissionais Liberais vs. Supremo Tribunal Federal). Rel. Min Celso de Mello.

lise pela Corte, para que proclame novo critério de incidência da contribuição.

O dispositivo constitucional, explica a CNPL, criou o denominado "sistema confederativo", composto de sindicatos de primeiro grau, federações e confederações. "As novas disposições normativas o desconstruíram, no que toca ao segmento dos trabalhadores, cuja representação é a essência historicamente estabelecida dos próprios sindicatos. Consequentemente, a manutenção exclusiva de sistema de sindicatos patronais somente gera um capitalismo de opressão, posto que apenas os mais fortes ainda dispõem, exclusivamente, do sistema confederativo, introduzido pela Constituição para veicular, primordialmente, direitos e interesses dos trabalhadores", explica.

A nova lei trabalhista, que tornou opcional a contribuição sindical, importou "no desabamento do sistema de representação dos trabalhadores na democracia brasileira", disse. Explica que a tutela do 'valor trabalho' ficou prejudicada pela nova lei de regência do direito trabalhista e também após decisões adotadas pelo Supremo. A CNPL cita decisão liminar do ministro Gilmar Mendes na ADPF n. 323, que determinou a suspensão de todos os processos em curso e dos efeitos de decisões judiciais proferidas no âmbito da Justiça do Trabalho que versem sobre a aplicação da ultratividade de normas de acordos e de convenções coletivas e das execuções já iniciadas. Tal decisão, defende, "ensejou o brutal enfraquecimento das entidades sindicais de trabalhadores".

A confederação alega, por fim, que, diante desse quadro, não há mais paridade entre as instituições de empregados e empregadores. A entidade requer que conste no enunciado da Súmula n. 666 que a contribuição deve incidir sobre todos os integrantes da categoria profissional, cujo valor deverá ser aprovado em assembleia geral regularmente convocada, na forma estatutária de cada entidade. Deve ainda observar o princípio constitucional da proporcionalidade.

O ministro Celso de Mello é o relator da ADPF n. 498.[1]

---

[1] Disponível em: <http://www.stf.jus.br/portal/cms/verNoticiaDetalhe.asp?idConteudo=363555>. Acesso em: 11 dez. 2017.

1.3. CONTRIBUIÇÃO SINDICAL

A partir de 11 de novembro de 2017, deixou de existir, no Brasil, de forma obrigatória, a contribuição sindical, o antigo imposto sindical que existiu na CLT desde 1943. É que essa data marcou o início da vigência das alterações introduzidas na legislação trabalhista pela Lei n. 13.467/17.

Antes mesmo da vigência dessas mudanças, diversas entidades sindicais apresentaram ADIs questionando a constitucionalidade das novas medidas. A primeira foi a ADI n. 5.794-DF[2], cujo relator é o Min. Edson Fachin. Em seguida, outras foram ajuizadas. Uma delas, a ADI n. 5.806-DF[3], que tamém cuida de trabalho intermitente, e referimos acima. As demais são as ADIs ns. 5.810-DF[4], 5.811-DF[5], 5.813-DF[6] e 5.815-DF[7], todas relatadas pelo Min. Edson Fachin. Os argumentos de todas são similares, razão pela qual transcrevemos apenas o noticiário relativo à primeira delas, a ADI n. 5.794-DF:

> *A Confederação Nacional dos Trabalhadores em Transporte Aquaviário e Aéreo, na Pesca e nos Portos (CONTTMAF) ajuizou no Supremo Tribunal Federal a Ação Direta de Inconstitucionalidade (ADI) 5794, para questionar regras da Lei n. 13.467/2017 (Reforma Trabalhista) relativas à contribuição sindical. O art. 1º da lei altera diversos dispositivos da Consolidação das Leis do Trabalho (CLT)*

---

[2] ADI n. 5.794-DF (Confederação Nacional dos Trabalhadores em Transporte Aquaviário e Aéreo, na Pesca e nos Portos — CONTTMAF. Intdos.: Presidente da República e Congresso Nacional) Rel.: Min. Edson Fachin.

[3] ADI n. 5.806-DF (Confederação Nacional dos Trababalhadores. na Atividade Profissional dos Empregados na Prestação de Serviços de Segurança Privada e de Monitor Ronda Motos e de Controle Eletro-Eletrônico e Digital. Intdos.: Presidente da República e Congresso Nacional) Rel.: Min. Edson Fachin.

[4] ADI n. 5.810-DF (CESP — Central das Entidades de Servidores Públicos. Intdos.: Presidente da República e Congresso Nacional) Rel.: Min. Edson Fachin.

[5] ADI n. 5.811-DF (Confederacão Nacional dos Trabalhadores na Movimentacão de Mercadorias em Geral e Logística. Intdos.: Presidente da República e Congresso Nacional) Rel.: Min. Edson Fachin.

[6] ADI n. 5.813-DF (Federação Nacional dos Empregados em Postos de Serviços de Combustíveis e Derivados de Petróleo — FENEPOSPETRO. Intdos.: Presidente da República e Congresso Nacional) Rel.: Min. Edson Fachin.

[7] ADI n. 5.815-DF (Federação Nacional dos Trabalhadores em Empresas de Telecomunicações e Operadores de Mesas Telefônicas. Intdos.: Presidente da República e Congresso Nacional) Rel.: Min. Edson Fachin.

que tratam do imposto sindical, condicionando o desconto à autorização prévia e expressa dos trabalhadores. Na redação atual, a contribuição sindical é compulsória de todos os trabalhadores, independentemente de autorização ou de vinculação ao sindicato da categoria.

A confederação observa que o antigo imposto sindical, atualmente denominado contribuição sindical, foi recepcionado pela Constituição de 1988 como gênero de contribuição parafiscal, elencada, no art. 149, na espécie de interesse das categorias profissionais e econômicas. E, nesse sentido, o art. 146, inciso III, alínea "a", por sua vez, prevê que a instituição de tributos parafiscais e suas definições, espécies, bases de cálculo, fatos geradores e contribuintes devem ser feitas por meio de lei complementar. Além desse argumento, a supressão da contribuição foi instituída por meio de lei geral, enquanto o art. 150, § 6º, da Constituição exige explicitamente que a matéria seja regulada por meio de lei tributária específica.

Ainda segundo a autora, a alteração legislativa viola comandos do art. 5º da Constituição da República, principalmente os que tratam do acesso à Justiça, do direito ao contraditório e à ampla defesa e à assistência jurídica integral e gratuita aos que comprovarem insuficiência de recursos e ainda os direitos à educação, à saúde, à alimentação, ao trabalho, à moradia, ao transporte, ao lazer, à segurança. "Milhões de trabalhadores carentes (a grande maioria da população economicamente ativa) restará sem assistência judiciária integral e gratuita", argumenta a entidade. "A menos que o paquidérmico Estado brasileiro se disponha a contratar milhares de defensores públicos ou rábulas para atender os mais de 6,5 milhões de trabalhadores que acorrem à Justiça a cada ano, a lei perpetrará um enorme retrocesso social".

Ao pedir liminar para a suspensão do dispositivo (e, consequentemente, da nova redação dos arts. 545, 578, 579, 582, 583, 587 e 602 da CLT), a confederação aponta a proximidade da entrada em vigor da reforma trabalhista (a partir de 11/11) e sustenta que a supressão abrupta de recursos dos entes sindicais inviabiliza a assistência jurídica a seus representados. "A milhões de trabalhadores seria sonegado o direito fundamental de acesso à justiça estampado nos incisos XXXV e LXXIV, art. 5º, de nossa Carta", afirma.

No mérito, a CONTTMAF pede a declaração definitiva e a retirada dos dispositivos do ordenamento jurídico brasileiro. O relator da ADI é o ministro Edson Fachin.[8]

1.4. CONTRIBUIÇÃO SINDICAL RURAL[9]. CONSTITUCIONALIDADE

O STF entendeu que a contribuição sindical rural, instituída pelo Decreto-Lei n. 1.661/71, é um tributo constitucional e não representa bitributação. Assim foi decidido no RE n. 883.542-SP[10], de 12.5.2017, sendo relator o Min. Gilmar Mendes.

O noticiário a respeito registra:

> O Supremo Tribunal Federal (STF) reafirmou sua jurisprudência sobre a constitucionalidade da Contribuição Sindical Rural, instituída pelo Decreto-Lei n. 1.661/1971. A decisão foi tomada na análise do Recurso Extraordinário (RE) n. 883542, em que o Plenário Virtual reconheceu a repercussão geral da questão e reafirmou entendimento consolidado do Tribunal sobre o tema.
>
> O recurso extraordinário foi interposto pela Confederação Nacional da Agricultura e Pecuária do Brasil (CNA), nos autos de uma ação de cobrança da contribuição sindical contra proprietário rural. No STF, a entidade questionou acórdão do Tribunal de Justiça do Estado de São Paulo (TJ-SP) que entendeu estar caracterizada a hipótese de bitributação, uma vez que a base de cálculo da contribuição, o valor do imóvel rural, é a mesma utilizada para o Imposto Territorial Rural (ITR).
>
> **Manifestação**
>
> Quanto à repercussão geral da matéria, o relator do recurso, ministro Gilmar Mendes, afirmou que a discussão tem relevância

---

[8] Disponível em: <http://www.stf.jus.br/portal/cms/verNoticiaDetalhe.asp?idConteudo=359373>. Acesso em: 31 out. 2017.

[9] Sobre contribuição sindical rural, v., nesta coletânea, v. 5, p. 44, v. 6, p. 85 e v. 11, p. 55.

[10] RE n. 883.542-SP, de 12.5.2017 (Confederação da Agricultura e Pecuária do Brasil — CNA vs. Pedro Miranda de Macedo). Rel.: Min. Gilmar Mendes.

dos pontos de vista jurídico, econômico e social, uma vez que fixa tese potencialmente direcionada a todos os que participam de uma determinada categoria econômica ou profissional (no caso dos autos, a todos os produtores rurais).

Em relação ao mérito, o relator lembrou que o STF tem entendido que "não há vedação constitucional para a instituição de contribuição com matriz de incidência que preceitue fato gerador ou base de cálculo iguais ao de imposto". Destacou ainda que o Supremo firmou o entendimento de que a Contribuição Sindical Rural, estipulada pelo decreto de 1971, foi recepcionada pela ordem constitucional vigente, citando diversos precedentes.

Em deliberação no Plenário Virtual, a manifestação do ministro pela existência da repercussão geral foi seguida por unanimidade. Já no mérito, seu pronunciamento pela reafirmação da jurisprudência dominante da Corte, dando provimento ao recurso da CNA, foi seguido por maioria, vencido o ministro Marco Aurélio.

Seguindo a proposta do relator, foi firmada a seguinte tese: "A Contribuição Sindical Rural, instituída pelo Decreto-Lei n. 1.661/1971, não configura hipótese de bitributação e tal tributo foi recepcionado pela ordem constitucional vigente".[11]

---

[11] Disponível em: <http://www.stf.jus.br/portal/cms/verNoticiaDetalhe.asp?idConteudo=347030>. Acesso em: 29 ago. 2017.

2. GREVE

Considerada um recurso antissocial ao tempo da Carta outorgada de 1937, a greve é um direito consagrado ao trabalhador em geral pelo art. 9º da Constituição de 1988, regulamentada, quanto aos serviços e atividades essenciais, pela Lei n. 7.783/89.

Existem algumas peculiaridades no seu exercício, como, p. ex., quando se trata de proteção do patrimônio do empregador e paralisação no serviço público, inclusive por parte de policiais militares e civis e assemelhados.

Algumas decisões relevantes são referidas neste item.

2.1. GUARDA MUNICIPAL. JUSTIÇA DO TRABALHO. INCOMPETÊNCIA

Entendeu o STF, por maioria, que a Justiça do Trabalho é incompetente para apreciar greve de guardas municipais contratados pelo regime da CLT. A decisão foi tomada no julgamento do RE n. 846.854-SP[1], com repercussão geral, sendo redator do acórdão o Min. Alexandre de Morais.

O noticiário a respeito registra:

> *O Supremo Tribunal Federal (STF) negou provimento a recurso que defendia a competência da Justiça do Trabalho para julgar a abusividade de greve de guardas municipais que trabalham em regime celetista. No Recurso Extraordinário (RE) 846854, com repercussão geral, a maioria dos ministros entendeu que não cabe, no caso, discutir direito a greve, uma vez que se trata de serviço de segurança pública.*

---

[1] RE n. 846.854-SP, de 1.8.2017 (Federação Estadual dos Trabalhadores da Administração do Serviço Público Municipal — FETAM *vs.* Município de São Bernardo do Campo e Ministério Público do Trabalho) Red. para acórdão: Min. Alexandre de Moraes.

> Segundo o voto do ministro Alexandre de Moraes, acompanhado por maioria, não há que se falar de competência da Justiça trabalhista para se analisar a abusividade ou não da greve neste caso, dado tratar-se de área na qual o próprio STF reconheceu que não há direito à paralisação dos serviços, por ser essencial à segurança pública. "Não parece ser possível dar provimento ao recurso", afirmou.
>
> Ele observou que para outros casos de servidores públicos com contrato celetista com a administração pública seria possível admitir a competência da Justiça trabalhista para apreciar o direito de greve. Contudo, tratando-se de guardas municipais, configura-se exceção à regra.
>
> O relator do RE, ministro Luiz Fux, votou no sentido de dar provimento ao recurso para determinar à Justiça do Trabalho que se pronuncie sobre o tema, aplicando ao caso concreto a regra geral de que servidores regidos pela Consolidação das Leis do Trabalho (CLT) serão processados pela Justiça do Trabalho.
>
> A posição do ministro Luiz Fux foi acompanhada pelos ministros Luís Roberto Barroso, Rosa Weber, Ricardo Lewandowski e Marco Aurélio, mas ficou vencida, uma vez que os ministros Edson Fachin, Dias Toffoli, Gilmar Mendes, Celso de Mello e a ministra Carmen Lúcia adotaram a mesma linha do voto proferido por Alexandre de Moraes.
>
> O recurso foi interposto pela Federação Estadual dos Trabalhadores da Administração do Serviço Público Municipal (Fetam) contra decisão do Tribunal Superior do Trabalho (TST) que não reconheceu sua competência para julgar a causa, relativa a guardas municipais de São Bernardo do Campo (SP).[2]

O tema 544 contempla a tese de repercussão geral a respeito:

> A justiça comum, federal ou estadual, é competente para julgar a abusividade de greve de servidores públicos celetistas da Administração pública direta, autarquias e fundações públicas.[3]

---

[2] Disponível em: <http://www.stf.jus.br/portal/cms/verNoticiaDetalhe.asp?idConteudo=344553>. acesso em: 29 ago. 2017.
[3] Disponível em: <http://www.stf.jus.br/portal/jurisprudenciaRepercussao/abrirTemasComTesesFirmadas.asp>.

2.2. INTERDITO PROIBITÓRIO

O Min. Alexandre de Moraes determinou o arquivamento da ADPF 123-DF[4], na qual era pretendida a inaplicação do art. 932 do CPC de 1973, que cuidava de interdito proibitório. Segundo a entidade sindical impetrante, esse remédio legal obstaculizaria o exercício regular do direito de greve por parte dos trabalhadores.

Atualmente, o interdito proibitório está referido no art. 567 do CPC de 2015. No entendimento do relator, ainda que revogado o dispositivo anterior, não foi demonstrada qualquer violação ao direito de greve.

O noticiário a respeito do tema é o seguinte:

Relator da Arguição de Descumprimento de Preceito Fundamental (ADPF) 123, o ministro Alexandre de Moraes, do Supremo Tribunal Federal (STF), determinou o arquivamento da ação em que a Confederação Nacional dos Metalúrgicos da Central Única dos Trabalhadores (CNMCUT) questionava a aplicação do art. 932 do revogado Código de Processo Civil (CPC) de 1973 em decisões judiciais que impedem a ação de trabalhadores em greve nos locais de trabalho.

Na ADPF, a confederação pediu ao Tribunal a declaração de inconstitucionalidade de quaisquer decisões judiciais tomadas com base na interpretação do art. 932 do CPC/1973 que concedem o chamado "interdito proibitório" para proteger a posse de estabelecimentos empresariais de turbações decorrentes de movimentos grevistas, argumentando que "o exercício do direito de greve por parte dos trabalhadores jamais chegará à intenção de obtenção da posse".

A entidade alegou na ação que a aplicação do dispositivo impede o exercício do direito de greve por parte dos trabalhadores,

---

[4] ADPF n. 123-DF (Confederação Nacional dos Metalúrgicos da Central Única dos Trabalhadores — CNMCUT. Intdo.(A/S) :Autoridades Judiciais, Juízes de todas as instâncias da esfera comum, federal e da Justiça do Trabalho. Am. Curiae.: Sindicato dos Empregados em Estabelecimentos Bancários no Estado de Sergipe: Confederação Nacional dos Trabalhadores do Ramo Financeiro — CONTRAF/CUT, Coordenação Nacional de Lutas — CONLUTAS, Sindicato dos Metalúrgicos de São José dos Campos e Região, Confederação Nacional do Sistema Financeiro — CONSIF e Confederação Nacional do Comércio de Bens, Serviços e Turismo — CNC). Rel.: Min. Alexandre de Moraes.

presente no art. 9º da Constituição Federal e regulamentado pela Lei n. 7.783/1989 para os trabalhadores da iniciativa privada.

A analisar a ADPF, o relator observou que com a promulgação do novo Código de Processo Civil (Lei n. 13.105/2015), o dispositivo questionado foi expressamente revogado. Segundo o ministro Alexandre de Moraes, embora preceitos de lei revogados possam virtualmente figurar como objeto de ADPF, "tal possibilidade somente poderá ser justificada quando houver comprovação de que a disciplina legal anterior produziu efeitos concretos relevantes, capazes de causar lesão (ao menos potencial) a preceitos constitucionais de primeira importância".

Como no caso não ficou comprovada a violação de preceito fundamental por eventuais efeitos concretos da legislação impugnada na ADPF, o ministro Alexandre de Moraes negou seguimento à ação e determinou seu arquivamento.[5]

2.3. POLICIAL CIVIL[6]

O exercício do direito de greve não se estende ao policial civil, como foi reiterado pelo STF, em sua maioria, no julgamento do ARE n. 654.432-GO[7], em 31.4.2017, sendo redator do acórdão o Min. Alexandre de Moraes. Ademais, foi reconhecida repercussão geral ao tema, que recebeu o n. 471, fixada a seguinte tese:

1 — O exercício do direito de greve, sob qualquer forma ou modalidade, é vedado aos policiais civis e a todos os servidores públicos que atuem diretamente na área de segurança pública. 2 — É obrigatória a participação do Poder Público em mediação instaurada pelos órgãos classistas das carreiras de segurança

---

[5] Disponível em: <http://www.stf.jus.br/portal/cms/verNoticiaDetalhe.asp?idConteudo =345325>. Acesso em: 29 ago. 2017.

[6] V., nesta coletânea, sobre esse tema: v. 12, p. 54, v. 13, p. 63, v. 17, p. 85, e v. 18, p. 83.

[7] ARE 654.432-GO, de 31/03/2017 (Estado de Goiás vs. Sindicato dos Policiais Civis do Estado de Goiás — SINPOL. Am. Curiae: Sindicato dos Policiais Civis de Londrina e Região — SINDIPOL; União; Sindicato dos Policiais Federais do Distrito Federal; Estado de São Paulo; Associação Nacional de Entidades Representativas de Praças Policiais e Bombeiros Militares Estaduais — ANASPRA) Rel.: Min. Edson Fachin.

pública, nos termos do art. 165 do CPC, para vocalização dos interesses da categoria[8].

Parte do noticiário registra:

O recurso foi interposto pelo Estado de Goiás contra decisão do Tribunal de Justiça local (TJ-GO) que, na análise de ação apresentada naquela instância pelo Estado contra o Sindicato dos Policiais Civis de Goiás (Sinpol-GO), garantiu o direito de greve à categoria por entender que a vedação por completo da greve aos policiais civis não foi feita porque esta não foi a escolha do legislador, e que não compete ao Judiciário, agindo como legislador originário, restringir tal direito.

O representante do sindicato salientou, durante o julgamento no Supremo, que os policiais civis de Goiás permaneceram cinco anos — entre 2005 e 2010 — sem a recomposição inflacionária de seus vencimentos, e que só conseguiram perceber devidamente a recomposição após greve realizada em 2014, o que mostra que a greve é o principal instrumento de reivindicação à disposição dos servidores públicos.

Segundo o advogado, retirar o direito de greve desses servidores significa deixá-los à total mercê do arbítrio dos governadores de estado. Quanto à vedação do exercício do direito de greve previsto constitucionalmente aos militares, o representante do sindicato defendeu que não se pode dar interpretação extensiva a normas restritivas presentes no texto constitucional.

A advogada-geral da União citou, em sua manifestação, greves realizadas recentemente por policiais civis nos estados de Goiás, no Distrito Federal e no Rio de Janeiro, ocasiões em que houve um grande número de mandados de prisão não cumpridos e sensível aumento da criminalidade. Para ela, esses fatos revelam que a paralisação de policiais civis atinge a essência, a própria

---

[8] Disponível em: <http://www.stf.jus.br/portal/jurisprudenciaRepercussao/verAndamentoProcesso.asp?incidente=4128634&numeroProcesso=654432&classeProcesso=ARE&numeroTema=541>.

razão de ser do Estado, que é a garantia da ordem pública, inserido no art. 144 do texto constitucional como valor elevado.

Os serviços e atividades realizados pelos policiais civis, inclusive porque análogos aos dos policiais militares, devem ser preservados e praticados em sua totalidade, não se revelando possível o direito de greve, concluiu, citando precedentes nesse sentido do próprio Supremo. Ela citou precedentes do Supremo nesse sentido, como a Reclamação n. 6.568 e o Mandado de Injunção (MI) 670.

O mesmo entendimento foi manifestado em Plenário pelo vice-procurador-geral da República. Para ele, algumas atividades estatais não podem parar, por serem a própria representação do Estado. E entre essas atividades, se incluem as atividades de segurança pública, tanto interna quanto externa.

Direito fundamental

O relator do caso, ministro Edson Fachin, votou no sentido do desprovimento do recurso do estado. De acordo com o ministro, a proibição por completo do exercício do direito de greve por parte dos policiais civis acaba por inviabilizar o gozo de um direito fundamental. O direito ao exercício de greve, que se estende inclusive aos servidores públicos, tem assento constitucional e deriva, entre outros, do direito de liberdade de expressão, de reunião e de associação, frisou o relator.

O direito de greve não é um direito absoluto, mas também não pode ser inviabilizado por completo, até porque não há, na Constituição, norma que preveja essa vedação. Para o ministro, até por conta da essencialidade dos serviços prestados pelos policiais civis, o direito de greve deve ser submetido a apreciação prévia do Poder Judiciário, observadas as restrições fixadas pelo STF no julgamento do MI n. 670, bem como a vedação do porte de armas, do uso de uniformes, títulos e emblemas da corporação durante o exercício de greve.

O voto do relator foi acompanhado pela ministra Rosa Weber e pelo ministro Marco Aurélio, mas seu entendimento ficou vencido no julgamento.

Carreira diferenciada

O ministro Alexandre de Moraes abriu a divergência em relação ao voto do relator e se manifestou pelo provimento do recurso. Para o ministro, existem dispositivos constitucionais que vedam a possiblidade do exercício do direito de greve por parte de todas as carreiras policiais, mesmo sem usar a alegada analogia com a Polícia Militar. Segundo o ministro, a interpretação conjunta dos arts. 9º (§ 1º), 37 (inciso VII) e 144 da Constituição Federal possibilita por si só a vedação absoluta ao direito de greve pelas carreiras policiais, tidas como carreiras diferenciadas no entendimento do ministro.

De acordo com o ministro Alexandre de Moraes, tendo como função a garantia da ordem pública, a carreira policial é o braço armado do Estado para a garantia da segurança pública, assim como as Forças Armadas são o braço armado do Estado para garantia da segurança nacional.

Outro argumento usado pelo ministro para demonstrar como a carreira é diferenciada, foi o de que a atividade de segurança pública não tem paralelo na atividade privada. Enquanto existem paralelismos entre as áreas públicas e privadas nas áreas de saúde e educação, não existe a segurança pública privada, nos mesmos moldes da segurança estatal, que dispõe de porte de arma por 24 horas, por exemplo, salientou o ministro.

Para o ministro, não há como se compatibilizar que o braço armado investigativo do Estado possa exercer o direito de greve, sem colocar em risco a função precípua do Estado, exercida por esse órgão, juntamente com outros, para garantia da segurança, da ordem pública e da paz social.

No confronto entre o direito de greve e o direito da sociedade à ordem pública e da paz social, no entender do ministro, deve prevalecer o interesse público e social em relação ao interesse individual de determinada categoria. E essa prevalência do interesse público e social sobre o direito individual de uma categoria de servidores públicos exclui a possibilidade do exercício do direito de greve, que é plenamente incompatível com a interpretação do texto constitucional.

Acompanharam esse entendimento os ministros Roberto Barroso, Luiz Fux, Dias Toffoli e Ricardo Lewandowski e a ministra Carmen Lúcia, presidente do STF. Para o ministro Barroso, quem porta arma deve se submeter a regime jurídico diferenciado, não podendo realizar greve. Contudo, o ministro sugeriu como alternativa que o sindicato possa acionar o Poder Judiciário para que seja feita mediação, de forma a garantir que a categoria tenha uma forma de vocalizar suas reivindicações, nos moldes do art. 165 do Código de Processo Civil.

O redator para o acórdão será o ministro Alexandre de Moraes.[9]

---

[9] Disponível em: <http://www.stf.jus.br/portal/cms/verNoticiaDetalhe.asp?idConteudo=340096>. Acesso em: 8.5.2017.

3. ULTRATIVIDADE. SUSPENSÃO

Examinando a RCL n. 26.256-DF[10], o relator, Min. Luiz Fux, concedeu a liminar pretendida, por entender existir possível ofensa de decisão do TST acerca da aplicação da Súmula n. 277, daquela Corte, cujos efeitos estavam suspensos por liminar concedida na ADPF n. 323-DF[11], pelo Min. Gilmar Mendes, relativos à ultratividade das normas coletivas.

É importante assinalar que, a partir da vigência das alterações na CLT, introduzidas pela Lei n. 13.467/17, passou a ser legalmente proibida essa prática no Brasil, consignando o § 3º do art. 614 consolidado:

> *§ 3º Não será permitido estipular duração de convenção coletiva ou acordo coletivo de trabalho superior a dois anos, sendo vedada a ultratividade.*

Acerca dessa decisão, foi divulgada a seguinte notícia:

> *O ministro Luiz Fux, do Supremo Tribunal Federal (STF), concedeu liminar na Reclamação (RCL) 26256 para suspender os efeitos de decisão do Tribunal Superior do Trabalho (TST) que manteve em curso processo no qual foram preservados os efeitos de decisão de instância inferior que aplica o princípio da ultratividade das normas coletivas. De acordo com o relator, em análise preliminar do caso, a decisão parece ofender a liminar concedida pelo ministro Gilmar Mendes na Arguição de Descumprimento de Preceito Fundamental (ADPF) 323, que determinou a suspensão de todos os processos e efeitos de decisões no âmbito da Justiça*

---

[10] RCL n. 26.256-DF (Sindicato dos Empregados no Comércio de Lagoa Vermelha vs. TST. Intdo.: Comercial Zaffari Ltda.). Rel.: Min. Luiz Fux.

[11] V. o despacho do min. Gilmar Mendes, na íntegra, no v. 20, p. 61 e segs.

do Trabalho que tratem da ultratividade de normas de acordos e convenções coletivas.

A controvérsia se iniciou com a interpretação dada pela Justiça do Trabalho em vários processos, consolidada pela Súmula n. 277 do TST, no sentido de que as cláusulas previstas em convenções ou acordos coletivos integram os contratos individuais de trabalho mesmo depois de expirada sua validade, e somente poderão ser modificadas ou suprimidas mediante nova negociação coletiva.

Na RCL ajuizada no Supremo, o Sindicato dos Empregados no Comércio de Lagoa Vermelha (RS) questiona decisão do TST que rejeitou recurso contra acórdão do Tribunal Regional do Trabalho da 4ª Região. O tribunal regional assegurou o pagamento de piso salarial previsto na Convenção Coletiva de Trabalho 2011/2013 até que nova negociação coletiva modifique suas cláusulas, e afastou assim a aplicação do piso salarial regional.

Liminar

Segundo o ministro Luiz Fux, a decisão do TST foi tomada em 26.10.2016, enquanto a liminar do relator da ADPF n. 323 foi publicada em 19/10 do mesmo ano. Assim, entendeu que, havendo pertinência temática, o TST deveria ter se pronunciado em observância à decisão monocrática. "Contudo, ao negar provimento ao agravo de instrumento, manteve os efeitos da decisão emanada pela Corte Regional", apontou.

Dessa forma, o ministro verificou que o TST manteve em curso processo no qual foram preservados os efeitos de decisão que aplica o princípio da ultratividade das normas coletivas, o que, em cognição sumária, parece contrariar a liminar proferida na ADPF n. 323.[12]

---

[12] Disponível em: <http://www.stf.jus.br/portal/cms/verNoticiaDetalhe.asp?idConteudo =340914>. Acesso em: 8 maio 2017.

**PARTE III
DIREITO PROCESSUAL**

1. ADI. AUSÊNCIA DE LEGITIMIDADE[1]. REPRESENTAÇÃO PARCIAL DE CATEGORIA.

A legitimidade para propor ação direta de inconstitucionalidade dependerá, quando se trata de uma federação, de representar toda a categoria e não apenas parte dela. Incorrendo essa representação incompleta, deve ser rejeitada a ADI. Foi assim que decidiu o Min. Edson Fachin ao examinar a ADI n. 4.751-RJ[2], a 1.2.2017, conforme o noticiário a seguir:

O ministro Edson Fachin, do Supremo Tribunal Federal (STF), negou seguimento à Ação Direta de Inconstitucionalidade (ADI) n. 4751, proposta pela Federação das Entidades dos Oficiais Militares Estaduais (Feneme) contra dispositivo da Lei estadual n. 3.586/2012, do Rio de Janeiro, que regulamenta as atribuições dos delegados de Polícia Civil. Segundo o relator, a entidade não tem legitimidade para propor a ADI.

Na ação, a Feneme alegava que a norma invade competência constitucionalmente atribuída à Polícia Militar ao prever de forma "genérica" que os delegados da Polícia Civil devem "zelar pela segurança do Estado e de sua população". Para a federação, o texto apresenta, ainda, expressão inconstitucional ao atribuir ao delegado a atribuição de "promover a prevenção, a apuração e a repressão das infrações penais", quando a prevenção é competência expressa da Polícia Militar, por meio do policiamento ostensivo.

---

[1] Sobre ilegitimidade para propositura de ADI, v., nesta coletânea, v. 19, p. 85.
[2] ADI n. 4.751-RJ, de 1.2.2017 (Federação das Entidades dos Oficiais Militares Estaduais — FENEME. Intdo.(a/s): Assembleia Legislativa do Estado do Rio de Janeiro e Governador do Estado do Rio de Janeiro). Rel.: Min. Edson Fachin.

Na decisão, o ministro Fachin explicou que a jurisprudência do STF tem entendido que entidades integradas apenas por um segmento da classe que representam não têm legitimidade para ajuizar ação direta de inconstitucionalidade, e que seu caráter nacional não decorre de mera declaração formal constante em estatuto ou atos constitutivos. No caso específico da Feneme, o relator salientou que o Tribunal tem afastado sua legitimidade em outros precedentes. "A categoria de policiais militares é formada pelos oficiais e pelos praças, e a Feneme representa apenas aqueles, estando a sua representatividade limitada a uma parcela de toda a categoria".[3]

---

[3] Disponível em: <http://www.stf.jus.br/portal/cms/verNoticiaDetalhe.asp?idConteudo=336342>. Acesso em: 8 maio 2017.

2. COMPETÊNCIA

O tema *competência* tem sido apreciado, reiteradas vezes, pelo Excelso Pretório. Dependendo do assunto específico tratado e das partes envolvidas, ora a competência, limite da jurisdição, é atribuída à Justiça do Trabalho, ora é da justiça comum, federal ou estadual, conforme a hipótese em exame.

Destacamos duas decisões, uma acerca de complementação de aposentadoria, competência atribuída à Justiça Federal comum, e outra cuidando de licença-prêmio para magistrado, também sendo reconhecida competente a Justiça Federal.

2.1. JUSTIÇA FEDERAL. COMPLEMENTAÇÃO DE APOSENTADORIA

Para discutir acerca de complementação de aposentadoria, quando decorrer de relação de caráter jurídico-administrativo com o Poder Público, a Justiça competente é a Justiça Federal. Foi assim que decidiu o Min. Edson Fachin, como relator do RCL n. 26.597-SP[1], em 20.3.2017, reportando-se ao julgamento da medida cautelar na ADI n. 3.395-DF[2].

A decisão do relator é a seguinte:

> *Trata-se de reclamação, com pedido de medida liminar, em decisão proferida pelo Tribunal Regional do Trabalho da 2ª Região, que reconheceu a competência da Justiça Trabalhista para julgamento da demanda.*
>
> *Na reclamação, aponta-se ofensa à autoridade da decisão proferida na ADI-MC 3.395, uma vez que o ato reclamado entendeu pela competência da Justiça do Trabalho para o julgamento de*

---

[1] RCL n. 26.597-SP, de 20.3.2017 (União *vs.* Tribunal Regional do Trabalho da 2ª Região). Intdo.(a/s): Joao Placidino dos Santos, Companhia Paulista de Trens Metropolitanos — CPTM e Instituto Nacional de Seguridade Social — INSS). Relator: Min. Edson Fachin.

[2] V., sobre a ADI n. 3.395-DF, nesta coletânea, v. 9, p. 110, e v. 10, p. 69.

demanda proposta por ferroviário aposentado da Companhia Paulista de Trens Metropolitanos (CPTM) — empresa subsidiária da Rede Ferroviária Federal S.A. (RFFSA), na qual busca a complementação de aposentadoria com fundamento nas Leis ns. 8.186/91 e 10.478/02.

Sustenta-se, em síntese, que se trata de relação de caráter jurídico-administrativo com o Poder Público. Logo, a competência para o julgamento do feito é da Justiça Comum, notadamente da Justiça Federal.

Dispenso as informações, assim como a remessa à Procuradoria-Geral da República (art. 52, parágrafo único, do RI/ STF), por entender que o processo está suficientemente instruído e em condições de julgamento.

É o relatório. Decido.

Inicialmente, verifico que ao apreciar a medida cautelar da ADI n. 3.395, o Plenário do Supremo Tribunal Federal referendou liminar anteriormente deferida pelo Ministro Nelson Jobim, a qual suspendeu toda e qualquer interpretação dada ao inciso I do art. 114 da Constituição Federal, na redação dada pela EC n. 45/2004, que inclua na competência da Justiça do Trabalho a apreciação de causas, as quais sejam instauradas entre o Poder Público e seus servidores, em sede de típica relação de caráter jurídico-administrativo.

A esse respeito, confira-se a ementa da ADI-MC n. 3.395, de relatoria do Ministro Cezar Peluso, DJ 10.11.2006:

> INCONSTITUCIONALIDADE. Ação direta. Competência. Justiça do Trabalho. Incompetência reconhecida. Causas entre o Poder Público e seus servidores estatutários. Ações que não se reputam oriundas de relação de trabalho. Conceito estrito desta relação. Feitos da competência da Justiça Comum. Interpretação do art. 114, inc. I, da CF, introduzido pela EC n. 45/2004. Precedentes. Liminar deferida para excluir outra interpretação. O disposto no art. 114, I, da Constituição da República, não abrange as causas instauradas entre o Poder Público e servidor que lhe seja vinculado por relação jurídico-estatutária.

Igualmente, ao examinar reclamações semelhantes à presente, esta Corte firmou sua jurisprudência no sentido de considerar a Justiça do Trabalho incompetente para apreciar ação proposta por aposentado que já pertenceu aos quadros da antiga Rede Ferroviária Federal (RFFSA) ou suas subsidiárias, com o fim de buscar a complementação de sua aposentadoria, com base nas Leis ns. 8.186/91 e 10.478/02. Isso porque a autoridade do acórdão prolatado na ADI-MC n. 3.395 reserva essa competência à Justiça Comum, a qual neste caso é a Justiça Federal.

Assim, vejam-se as ementas dos seguintes julgados:

> *PROCESSUAL CIVIL E CONSTITUCIONAL. AGRAVO REGIMENTAL NA RECLAMAÇÃO. COMPLEMENTAÇÃO DE APOSENTADORIA. EX-EMPREGADO DA REDE FERROVIÁRIA FEDERAL S/A. ADI n. 3.395 MC. COMPETÊNCIA DA JUSTIÇA COMUM. AGRAVO REGIMENTAL A QUE SE NEGA PROVIMENTO. 1. É de competência da Justiça Comum o processo e julgamento dos dissídios entre o Poder Público e seus servidores subordinados a regime jurídico estatutário, a teor do que decidiu o STF na ADI (MC) n. 3.395, Min. Cezar Peluso, DJ de 10.11.06. 2. Em se tratando de pagamento de complementação de aposentadoria de ex-empregado da extinta RFFSA, a competência para apreciar a causa é da Justiça Comum, conforme a jurisprudência desta Corte. Precedente: Rcl n. 12.571-ED, Rel. Min. Dias Toffoli, Pleno, DJe 6.11.2013. 3. Agravo regimental a que se nega provimento. (Rcl n. 16.164 AgR, Rel. Min. Luiz Fux, Primeira Turma, DJe de 13.10.2014)*

> *AGRAVO REGIMENTAL NA RECLAMAÇÃO. COMPLEMENTAÇÃO DE APOSENTADORIA. EXEMPREGADO DE EMPRESA SUBSIDIÁRIA DA REDE FERROVIÁRIA FEDERAL S/A: COMPETÊNCIA DA JUSTIÇA COMUM FEDERAL. PRECEDENTES. AGRAVO REGIMENTAL AO QUAL SE NEGA PROVIMENTO. (Rcl n. 19.430 AgR, Rel. Min. Cármen Lúcia, Segunda Turma, DJe de 21.05.2015)*

Cito, ainda, as seguintes decisões: Rcl n. 18.671-AgR, Rel. Min. Roberto Barroso, Primeira Turma, DJe de 26.03.2015; Rcl

n. 14.406-AgR, Rel. Min. Teori Zavascki, Tribunal Pleno, DJe de 09.06.2014; Rcl n. 14.414-ED, Rel. Min. Ricardo Lewandowski, Tribunal Pleno, DJe de 18.06.2014; Rcl n. 12.571-ED, Rel. Min. Dias Toffoli, Tribunal Pleno, DJe de 06.11.2013; Rcl n. 11.231-AgR, Rel. Min. Gilmar Mendes, Tribunal Pleno, DJe de 15.10.2012.

Ante o exposto, julgo procedente o pedido da presente reclamação, nos termos dos arts. 21, § 1º, e 161, parágrafo único, do RISTF, para assentar a incompetência absoluta da Justiça do Trabalho ao julgar a demanda, a fim de cassar todas as decisões proferidas no referido processo e estabelecer a competência da Justiça Federal para o seu julgamento.

Com efeito, determino ao Tribunal Regional do Trabalho da 2ª Região que remeta os autos do Processo n. 0003060-55.2013.5.02.0030 ao Tribunal Regional Federal da 3ª Região para oportuna distribuição à Vara Federal competente.

Comunique-se, com urgência, o teor da presente decisão ao Tribunal Regional do Trabalho da 2ª Região e ao Juízo da 30ª Vara do Trabalho de São Paulo.

Publique-se[3].

2.2. JUSTIÇA FEDERAL. LICENÇA-PRÊMIO. MAGISTRADO

A magistratura nacional tenciona ter direito a licença-prêmio, por simetria à previsão do art. 220, inciso III, da Lei Complementar n. 75/1993, que é o Estatuto do Ministério Público da União. No entanto, ao examinar a AO n. 2.126-PR[4], em 21.2.2017, a 2ª Turma do STF, por maioria, entendeu que não se trata de direito exclusivo dos juízes, razão pela qual não conheceu da ação. O redator para o acordão é Min. Edson Fachin, e a ementa do aresto consigna:

AÇÃO ORIGINÁRIA. MAGISTRADO. DIREITO À LICENÇA-
-PRÊMIO. INEXISTÊNCIA DE DIREITO EXCLUSIVO DA MAGIS-

---

[3] Disponível em: <http://www.stf.jus.br/portal/processo/verProcessoAndamento.asp?incidente=5147475>. Acesso em: 7 jan. 2018.

[4] AO n. 2.126-PR, de 21.2.2017 (Thiago Mira de Assumpção Rosado *vs.* União). Red. do Acórdão: Min. Edson Fachin.

TRATURA. INCOMPETÊNCIA DO SUPREMO TRIBUNAL FEDERAL. 1. A instauração de competência originária do Supremo Tribunal Federal com fundamento no art. 102, I, n, da Constituição Federal depende da existência de interesse (direto ou indireto) da totalidade da magistratura nacional no julgamento da causa e que este não revele pretensão passível de ser repetida por outras carreiras do serviço público. Precedentes. 2. Ação Originária não conhecida, determinando-se a devolução dos autos à origem.[5]

---

[5] Disponível em: <http://www.stf.jus.br/portal/processo/verProcessoAndamento.asp?incidente=5114092>. Acesso em: 21 dez. 2017.

3. CONSELHOS PROFISSIONAIS[1]. PRECATÓRIOS

O regime dos precatórios é inaplicável para pagamentos de dívidas decorrentes de decisão judicial aos conselhos de fiscalização profissional. Foi o que decidiu o Pleno do STF no julgamento do RE n. 938837-SP[2], em 19.4.2017, sendo redator do acórdão o Min. Marco Aurélio.

Em repercussão geral, foi decidido o tema 877, que registra:

> *Os pagamentos devidos em razão de pronunciamento judicial pelos conselhos de fiscalização não se submetem ao regime de precatórios*[3].

A ementa do julgado é a seguinte:

> *EXECUÇÃO — CONSELHOS — ÓRGÃOS DE FISCALIZAÇÃO — DÉBITOS — DECISÃO JUDICIAL. A execução de débito de Conselho de Fiscalização não se submete ao sistema de precatório.*[4]

---

[1] Sobre diversos aspectos relativos aos conselhos profissionais, v., nesta coletânea, v. 18, p. 20 e 95, e v. 19, p. 38, 40 e 99.

[2] RE n. 938.837-SP, de 19.4.2017 (Mútua de Assistência dos Profissionais da Engenharia, Arquitetura e Agronomia *vs.* Conselho Regional de Engenharia e Agronomia do Estado de São Paulo. Am. Curiae: Conselho Regional de Enfermagem do Rio de Janeiro — COREN/RJ e União). Red. do Acórdão: Min. Marco Aurélio.

[3] Disponível em: <http://www.stf.jus.br/portal/jurisprudenciaRepercussao/abrirTemasComTesesFirmadas.asp>. Acesso em: 8 jan. 2018.

[4] Disponível em: <http://www.stf.jus.br/portal/jurisprudencia/listarJurisprudencia.asp?s1=%28RE%24%2ESCLA%2E+E+938837%2ENUME%2E%29+OU+%28RE%2EACMS%2E+ADJ2+938837%2EACMS%2E%29&base=baseAcordaos&url=http://tinyurl.com/h6xv3df>. Acesso em: 8 jan. 2018.

4. DÉBITO TRABALHISTA. ATUALIZAÇÃO. ÍNDICE APLICÁVEL. IPCA-E

O índice aplicável para fins de atualização de débitos trabalhistas é o IPCA-E, como ficou decidido na RCL n. 22.012-RS[1], em 5.12.2017, sendo redator do acórdão o Min. Ricardo Lewandowski. Com essa decisão, ficou sem efeito a liminar concedida pelo relator, Min. Dias Toffoli, cujo teor está publicado, na íntegra, em volume anterior desta coletânea[2], sendo, então, restabelecido o entendimento do TST de que não deve ser aplicada a TRD para atualizar débitos trabalhistas.

O noticiário é o seguinte:

> *A Segunda Turma do Supremo Tribunal Federal (STF) julgou improcedente, na sessão desta terça-feira (5), a Reclamação (RCL) n. 22012, ajuizada pela Federação Nacional dos Bancos (Fenaban) contra decisão do Tribunal Superior do Trabalho (TST) que determinou a adoção do Índice de Preços ao Consumidor Amplo Especial (IPCA-E) no lugar da Taxa Referencial Diária (TRD) para a atualização de débitos trabalhistas. Prevaleceu o entendimento de que a decisão não configura desrespeito ao julgamento do STF nas Ações Diretas de Inconstitucionalidade (ADI) ns. 4357 e 4425, que analisaram a emenda constitucional sobre precatórios.*
>
> *A decisão do TST e a tabela única editada pelo Conselho Superior da Justiça do Trabalho (CSJT) estavam suspensas desde outubro de 2015 por liminar do ministro Dias Toffoli, relator da RCL n. 22012. O mérito começou a ser julgado em setembro, e o relator, em seu voto, rejeitou a conclusão do TST de que a declaração de*

---

[1] RCL n. 22.012-MC-RS, de 14.10.2015 (Federação Nacional dos Bancos *vs.* Tribunal Superior do Trabalho. Intda.: Lissandra Angélica Marques). Red. do acórdão: Min. Ricardo Lewandowski.

[2] A decisão está no v. 19, p. 48.

inconstitucionalidade da expressão "equivalentes à TRD", no caput do art. 39 da Lei n. 8.177/1991, ocorreu por arrastamento (ou por atração) da decisão do STF nas ADIs ns. 4357 e 4425.

Na sessão de hoje, o ministro Gilmar Mendes apresentou voto-vista acompanhando o relator, por considerar que a decisão do TST extrapolou os limites de sua competência, ao aplicar entendimento firmado pelo Supremo em controle abstrato de inconstitucionalidade, com efeito vinculante a hipótese não abrangida.

Na conclusão do julgamento, porém, prevaleceu a divergência aberta pelo ministro Ricardo Lewandowski em setembro, no sentido da improcedência da reclamação. Ele citou diversos precedentes das duas Turmas no sentido de que o conteúdo das decisões que determinam a utilização de índice diverso da TR para atualização monetária dos débitos trabalhistas não possui aderência com o decidido pelo STF nas duas ADIs. Seguiram a divergência os ministros Celso de Mello e Edson Fachin, formando assim a corrente majoritária no julgamento.[3]

---

[3] Disponível em: <http://www.stf.jus.br/portal/cms/verNoticiaDetalhe.asp?idConteudo=363914>. Acesso em: 11 dez. 2017.

5. FGTS. PRESCRIÇÃO

O privilégio do FGTS à prescrição trintenária, previsto no § 5º do art. 23 da Lei n. 8.036/90, foi afastado pelo Pleno do STF, no julgamento do RE n. 522.897-RN[1], de 16.3.2017, relatado pelo Min. Gilmar Mendes. A prescrição para reclamar falta de recolhimento da contribuição do FGTS é de cinco anos, como são todos os direitos trabalhistas na forma do art. 7º, XXIX, da Constituição. Nesse aspecto, seguiu o STF o decidido no ARE n. 709.212-DF, com repercussão geral, conforme consta em volume anterior desta coletânea[2].

A ementa deste aresto registra:

> *Recurso extraordinário. Direito do Trabalho. Fundo de Garantia por Tempo de Serviço (FGTS). Cobrança de valores não pagos. Prazo prescricional. Prescrição quinquenal. Art. 7º, XXIX, da Constituição. Superação de entendimento anterior sobre prescrição trintenária. Inconstitucionalidade dos arts. 23, § 5º, da Lei ns. 8.036/1990 e 55 do Regulamento do FGTS aprovado pelo Decreto n. 99.684/1990. Segurança jurídica. Necessidade de modulação dos efeitos da decisão. Art. 27 da Lei n. 9.868/1999. Declaração de inconstitucionalidade com efeitos ex nunc. Recurso extraordinário a que se nega provimento.*[3]

---

[1] RE n. 522.897-RN, de 16.3.2017 (Estado do Rio Grande do Norte *vs.* Maria Edna França da Silva). Rel.: Min. Gilmar Mendes.
[2] Acerca deste julgado, v. nesta coletânea, o v. 18, p. 36.
[3] Disponível em: <http://www.stf.jus.br/portal/processo/verProcessoAndamento.asp?incidente=2458020>. Acesso em: 20 dez. 2017.

6. GRATUIDADE DA JUSTIÇA[1]

A reforma trabalhista, decorrente sobretudo das alterações produzidas pela Lei n. 13.467/17, criou dificuldades no que respeita à concessão de gratuidade judiciária na Justiça do Trabalho. A nova legislação passou a exigir o preenchimento de diversos requisitos para a concessão de justiça gratuita. Assim, a Procuradoria-Geral da República ajuizou a ADI n. 5.766-DF[2], sendo relator o Min. Luiz Roberto Barroso, objetivando a declaração de inconstitucionalidade de diversos dispositivos da CLT modificados pela Lei n. 13.467/17 como os honorários periciais e sucumbenciais.

O registro noticioso dessa ADIN consigna:

> *O procurador-geral da República, Rodrigo Janot, ajuizou no Supremo Tribunal Federal (STF) a Ação Direta de Inconstitucionalidade (ADI) 5766, com pedido de liminar, contra dispositivos da chamada reforma trabalhista, que, em seu entendimento, impõem "restrições inconstitucionais à garantia de gratuidade judiciária aos que comprovem insuficiência de recursos, na Justiça do Trabalho". Segundo o procurador, as normas violam as garantias constitucionais de amplo acesso à jurisdição e a assistência judiciária integral aos necessitados.*
>
> *De acordo com Janot, com propósito de desregulamentar as relações trabalhistas e o declarado objetivo de reduzir o número de demandas na justiça, a Lei n. 13.467/2017 inseriu 96 disposições na Consolidação das Leis do Trabalho (CLT), com "intensa" desregulamentação da proteção social do trabalho e redução de direitos materiais dos trabalhadores.*

---

[1] Sobre gratuidade da justiça, v., nesta coletânea, v. 10, p. 102.
[2] ADI 5.766-DF (Procurador-Geral da República. Intdos.: Presidente da República e Congresso Nacional). Rel.: Min. Luiz Roberto Barroso.

Na contramão dos movimentos democráticos que consolidaram essas garantias de amplo e igualitário acesso à Justiça, as normas impugnadas inviabilizam ao trabalhador economicamente desfavorecido assumir os riscos naturais de demanda trabalhista e impõe-lhe pagamento de custas e despesas processuais de sucumbência com uso de créditos trabalhistas auferidos no processo, de natureza alimentar, em prejuízo do sustento próprio e do de sua família, afirma o procurador-geral.

A ADI requer a declaração de inconstitucionalidade do art. 790-B da CLT (caput e § 4º), que responsabiliza a parte sucumbente (vencida) pelo pagamento de honorários periciais, ainda que beneficiária da justiça gratuita. Na redação anterior da norma, os beneficiários da justiça gratuita estavam isentos; com a nova redação, a União custeará a perícia apenas quando o beneficiário não tiver auferido créditos capazes de suportar a despesa, "ainda que em outro processo". Assinala que o novo Código de Processo Civil (CPC) não deixa dúvida de que a gratuidade judiciária abrange custas, despesas processuais e honorários advocatícios.

O procurador impugna também o art. 791-A, que considera devidos honorários advocatícios de sucumbência por beneficiário de justiça gratuita, sempre que tenha obtido em juízo, ainda que em outro processo, créditos capazes de suportar a despesa. A seu ver, a gratuidade judiciária ao trabalhador pobre equivale à garantia inerente ao mínimo existencial. Ele argumenta ainda que, ao pleitear na Justiça do Trabalho cumprimento de direitos trabalhistas inadimplidos, os trabalhadores carecedores de recursos, com baixo padrão salarial, buscam satisfazer prestações materiais indispensáveis à sua sobrevivência e à da família.

Segundo a ADI, créditos trabalhistas auferidos em demandas propostas por trabalhadores pobres assumem caráter de mínimo existencial, compatível com o princípio constitucional da dignidade humana (art. 1º, inciso III). "Essas verbas trabalhistas, marcadas pelo caráter alimentar, não diferem das prestações estatais de direitos sociais voltadas à garantia de condições materiais mínimas de vida à população pobre, a que o STF confere natureza de mínimo existencial", destaca.

Janot questiona também o dispositivo que responsabiliza o beneficiário da justiça gratuita pelo pagamento de custas caso o processo seja arquivado em razão de sua falta à audiência, até como condição para ajuizar nova demanda (art. 844, § 2º). Ele salienta que o novo CPC, ao tratar da extinção do processo sem julgamento de mérito, atribui ao demandante desistente responsabilidade pelo pagamento de custas e despesas processuais proporcionais, mas não imputa essa responsabilidade ao beneficiário da justiça gratuita.

Para efeito de concessão de liminar, o procurador-geral argumenta que a probabilidade do direito se caracteriza pelo que classifica como "intensa violação ao direito fundamental de acesso à jurisdição trabalhista", dada a restrição à gratuidade judiciária, que afirma representar prejuízo aos trabalhadores carentes, sem condições de mover uma demanda judicial sem prejuízo de seu sustento. Quanto ao perigo da demora, aponta que a legislação entrará em vigor a partir de 11 de novembro de 2017 e, se não tiver sua eficácia suspensa, produzirá prejuízos à população pobre carecedora de acesso à jurisdição trabalhista e a colocará em condição de fragilidade para enfrentar os riscos da demanda trabalhista.

"Sem medida cautelar, os prejuízos serão ainda maiores para trabalhadores pobres que necessitem demandar direitos trabalhistas sujeitos a perícia técnica, geralmente referentes a descumprimento de medidas de higiene, saúde e segurança do trabalho, em face do alto custo da atividade pericial", ressalta.

Na cautelar, Janot requer a suspensão da eficácia da expressão "ainda que beneficiária da justiça gratuita", no caput, e do § 4º do art. 790-B da CLT; da expressão "desde que não tenha obtido em juízo, ainda que em outro processo, créditos capazes de suportar a despesa," no § 4º do art. 791-A da CLT; e da expressão "ainda que beneficiário da justiça gratuita," no § 2º do art. 844 da CLT. No mérito, pede a declaração de inconstitucionalidade das regras questionadas.[3]

---

[3] Disponível em: <http://www.stf.jus.br/portal/cms/verNoticiaDetalhe.asp?idConteudo=353910>. Acesso em: 29 ago. 2017.

7. ORGANISMO INTERNACIONAL. IMUNIDADE DE JURISDIÇÃO[1]

Importantíssima decisão a tomada pelo STF, no RE n. 1.034.840-DF[2], em 2.6.2017. De uma vez por todas, foi reconhecida a imunidade de jurisdição de organismos internacionais no Brasil, decorrente de garantia prevista expressamente em tratado do qual nosso país seja parte. Sendo assim, é impossível esses entes de Direito Internacional Público serem demandados inclusive em matéria trabalhista, que era o caso em exame, perante a Justiça do Trabalho brasileira, salvo expressa recusa da imunidade que lhes privilegia.

Temos sustentado, desde o século passado, a existência da imunidade de jurisdição para os entes de Direito Internacional Público, inclusive os organismos internacionais[3]. Embora o Excelso Pretório não tenha, ainda, reconhecido sua existência para o Estado estrangeiro e os órgãos de sua representação, superou as divergências firmando seu reconhecimento relativamente aos organismos internacionais, em voto inicialmente da lavra da Min. Ellen Gracie, nos Res ns. 578.543-MT e 597.368-MT[4], afastando a aplicação do precedente da AC n. 9.696-6-SP a esses entes.

No caso do RE n. 1.034.840-DF, relatado pelo Min. Luiz Fux, o STF reconheceu, inclusive, existência de repercussão geral.

---

[1] Sobre imunidade de jurisdição, inclusive de organizações internacionais, v., nesta coletânea, v. 1, p. 40, v. 6, p. 123, v. 7, p. 67, v. 8, p. 58, v. 10, p. 104, v. 13, p. 99, e v. 17, p. 113, 129 e 134.

[2] RE 1.034.840-DF, de 2.6.2017 (União *vs.* Cristiano Paes de Castro). Rel.: Min. Luiz Fux.

[3] Por todos nossos escritos a respeito, v. *Imunidade de jurisdição trabalhista dos entes de Direito Internacional Público.* São Paulo: LTr, 1986, e *Competência Internacional da Justiça do Trabalho.* São Paulo: LTr, 1998.

[4] V., no v. 13, p. 99 segs., o voto da Min. Ellen Gracie nesses recursos extraoridinários.

A ementa do julgado é a seguinte:

> *Recurso extraordinário. Organismo internacional. Organização das Nações Unidas ONU. Programa das Nações Unidas para o Desenvolvimento PNUD. Convenção sobre Privilégios e Imunidades das Nações Unidas — Decreto n. 27.784/1950. Convenção sobre Privilégios s Imunidades das Agências Especializadas das Nações Unidas — Decreto n. 52.288/1963. Acordo Básico de Assistência Técnica com as Nações Unidas e suas Agências Especializadas — Decreto n. 59.308/1966. Impossibilidade de o organismo internacional vir a ser demandado em juízo, salvo em caso de renúncia expressa à imunidade de jurisdição. Entendimento consolidado em precedentes do Supremo Tribunal Federal. Controvérsia constitucional dotada de repercussão geral. Reafirmação da Jurisprudência do Supremo Tribunal Federal. Recurso Extraordinário provido.*[5]

O noticiário a respeito desse julgado registra:

> *Por meio de votação realizada no Plenário Virtual, o Supremo Tribunal Federal (STF) reafirmou jurisprudência dominante da Corte no sentido de reconhecer imunidade de jurisdição aos organismos internacionais, garantida por tratado firmado pelo Brasil. Portanto, não há possibilidade de serem demandados em juízo. A matéria foi objeto de análise do Recurso Extraordinário (RE) n. 1034840, que teve repercussão geral reconhecida.*
>
> *O caso teve origem em reclamação trabalhista ajuizada por um trabalhador contra o Programa das Nações Unidas para Desenvolvimento (PNUD) e a União Federal. Ele pleiteava o reconhecimento de vínculo empregatício com o órgão internacional e a condenação subsidiária da União, já que firmou contrato para prestação de serviços nas dependências do Ministério das Relações Exteriores. O juízo de primeiro grau acolheu a preliminar de imunidade de jurisdição e extinguiu o processo sem julgamento do mérito, entendimento que foi mantido pelo Tribunal Regional do*

---

[5] Disponível em: <http://www.stf.jus.br/portal/processo/verProcessoAndamento.asp?incidente=5155038>. Acesso em: 10 jan. 2018.

Trabalho da 10ª Região (TRT-10). No entanto, ao julgar recurso de revista, o Tribunal Superior do Trabalho (TST) afastou a imunidade de jurisdição, determinando o retorno dos autos à Vara de origem, para sequência no julgamento da causa. Contra o acórdão do TST, a União recorreu ao Supremo.

A União apontou no STF violação a preceitos da Constituição previstos, entre outros, nos arts. 4º, IX (princípio da não intervenção), 5º, § 2º (direitos previstos em tratados internacionais), 49, inciso I (competência do Congresso Nacional para resolver sobre tratados, acordos ou atos internacionais que acarretem encargos ou compromissos gravosos ao patrimônio nacional) e 84, inciso VIII, (competência do presidente da República para celebrar tratados, convenções e atos internacionais, sujeitos a referendo do Congresso Nacional). Alegou que o PNUD é órgão vinculado à Organização das Nações Unidas (ONU), motivo pelo qual teria imunidade das Nações Unidas (Decreto n. 27.784/1950), da Convenção sobre Privilégios e Imunidade das Agências Especializadas das Nações Unidas (Decreto n. 52.288/1963) e do Acordo Básico de Assistência Técnica com as Nações Unidas e suas Agências Especializadas (Decreto n. 59.308/1966).

Manifestação

O relator, ministro Luiz Fux, destacou que o Plenário do Supremo ao julgar em conjunto os REs ns. 578543 e 597368, firmou o entendimento de que organismos internacionais não podem ser demandados em juízo, salvo renúncia expressa à imunidade de jurisdição. Na ocasião, o ministro consignou que os organismos internacionais são criados mediante tratados.

Segundo ele, "a imunidade de jurisdição e de execução não é, necessariamente, atributo inerente a essas pessoas jurídicas de direito internacional". Porém, na hipótese, a Convenção sobre Privilégios e Imunidades das Nações Unidas (Decreto n. 27.784/1950) e a Convenção sobre Privilégios e Imunidades das Agências Especializadas das Nações Unidas (Decreto n. 52.288/1963) regulam os casos outorgados pelo Brasil à ONU e aos seus órgãos, incluindo-se a imunidade de jurisdição.

À época, o ministro salientou que a violação dos privilégios e garantias da ONU gera responsabilidade internacional, podendo acarretar, inclusive, a exclusão do Brasil do quadro das Nações Unidas. Também enfatizou que os contratados pela ONU/PNUD firmam contrato de prestação de serviço de natureza especial, regulado pelo Decreto n. 27.784/1950, no qual há previsão de que eventuais conflitos sejam solucionados por arbitragem.

Ao analisar o caso dos autos, o relator verificou que o PNUD é organismo subsidiário da ONU, cuja atuação no Brasil está regulada pelo Acordo Básico de Assistência Técnica de 1964, firmado entre a ONU, suas agências especializadas e a República Federativa do Brasil (Decreto n. 59.308/1966) e pela Convenção sobre Privilégios e Imunidades das Nações Unidas de 1946 (Decreto n. 27.784/1950). "Consectariamente, o PNUD não se submete à jurisdição nacional", avaliou. "Nesse sentido, é a reiterada jurisprudência desta Suprema Corte, retratada em diversos julgados relativos ao Programa das Nações Unidas para o Desenvolvimento PNUD", observou o ministro, ao citar os RE ns. 607211 e 599076, entre outros.

O ministro Luiz Fux se manifestou pela existência de repercussão geral da questão constitucional suscitada no RE e, no mérito, no sentido de reafirmar a jurisprudência da Corte, fixando a seguinte tese: O organismo internacional que tenha garantida a imunidade de jurisdição em tratado firmado pelo Brasil e internalizado na ordem jurídica brasileira não pode ser demandado em juízo, salvo em caso de renúncia expressa a essa imunidade. Por fim, proveu o recurso extraordinário para reconhecer a imunidade de jurisdição da ONU/PNUD no caso em questão.

Em votação no Plenário Virtual, o STF, por unanimidade, reconheceu a existência de repercussão geral da questão constitucional suscitada e, no mérito, por maioria dos votos, reafirmou a jurisprudência dominante sobre a matéria, vencidos os ministros Marco Aurélio, Edson Fachin e Rosa Weber.[6]

---

[6] Disponível em: <http://www.stf.jus.br/portal/cms/verNoticiaDetalhe.asp?idConteudo =346918>. Acesso em: 29 ago. 2017.

PARTE IV
SERVIÇO PÚBLICO

1. ADVOCACIA

Colacionamos dois interessantes julgados do STF sobre exercício da advocacia. Um reconhece a necessidade de reconhecer repercussão geral ao tema referente à inscrição nos quadros da corporação de advogado público. O outro versa sobre o exercício dessa atividade por servidor público integrante do Poder Judiciário.

1.1. ADVOGADO PÚBLICO. INSCRIÇÃO NA OAB

O STF, por seu Plenário Virtual, entendeu configurada repercussão geral no exame de matéria discutida no RE n. 609.517-RO[1], que cuida da necessidade ou não de ser exigida a inscrição, nos quadros da seccional da OAB de um integrante da Advocacia-Geral da União. O relator é o Min. Ricardo Lewandowski e a ementa do julgado é:

RECURSO EXTRAORDINÁRIO. REPERCUSSÃO GERAL. ADMINISTRATIVO. ADVOCACIA PÚBLICA. OBRIGATORIEDADE DE INSCRIÇÃO NA ORDEM DOS ADVOGADOS DO BRASIL. RELEVÂNCIA DO PONTO DE VISTA JURÍDICO. I — A questão referente à exigência de inscrição de advogado público na OAB para o exercício de suas funções públicas alcança toda a advocacia pública nacional, transcendendo, portanto, o interesse das partes. II — Repercussão geral reconhecida.[2]

O noticiário do STF consigna:

A exigência de inscrição de advogado público nos quadros da Ordem dos Advogados do Brasil (OAB) para o exercício de suas

---

[1] RE n. 609.517-RO (Ordem dos Advogados do Brasil Seccional de Rondônia *vs.* Márcio Amaral de Souza. Assist.(s): Matheus Rocha Avelar e Conselho Federal da Ordem dos Advogados do Brasil — CFOAB). Rel.: Min. Ricardo Lewandowski.

[2] Disponível em: <http://www.stf.jus.br/portal/processo/verProcessoAndamento.asp?incidente=3845192>. Acesso em: 20 dez. 2017.

funções públicas é tema constitucional e que teve repercussão geral reconhecida pelo Supremo Tribunal Federal (STF). Por meio de votação eletrônica no Plenário Virtual, a maioria dos ministros entendeu que a matéria supera os interesses das partes envolvidas e, portanto, será objeto de posterior julgamento pelo STF, de forma a uniformizar o entendimento a ser aplicado pelas demais instâncias.

A questão está sendo discutida no Recurso Extraordinário (RE) n. 609517, interposto pela OAB — Seccional de Rondônia contra acórdão da Turma Recursal do Juizado Especial Federal da Seção Judiciária daquele Estado. O ato questionado manteve sentença que condenou a União e a OAB-Rondônia a se absterem de exigir a inscrição, nos quadros da seccional, de um integrante dos quadros da Advocacia-Geral da União.

No recurso, a OAB alega violação aos arts. 131 a 133 da Constituição Federal sob o argumento de que a Constituição Federal não faz distinção entre a advocacia pública e privada, mas demonstra a indispensabilidade e essencialidade tanto de uma como de outra. Sustenta que, conforme a Constituição, "o patamar auferido aos advogados públicos é o mesmo dos advogados privados, ou seja, são essenciais à Justiça". A OAB-Rondônia ressalta que, no caso, a Turma Recursal proferiu decisão contrária ao texto constitucional e à jurisprudência dominante do Supremo.

O relator do RE, ministro Ricardo Lewandowski, considerou presente o requisito constitucional da repercussão geral. Para ele, a causa extrapola os interesses das partes envolvidas, "haja vista que a questão central dos autos — exigência de inscrição do advogado público na OAB para o exercício de suas funções públicas — alcança toda a advocacia pública nacional", tais como os procuradores de estado, de municípios e de autarquias. O ministro ressaltou, ainda, a relevância da causa do ponto de vista jurídico, "uma vez que seu deslinde permitirá definir a exata extensão dos dispositivos constitucionais tidos por violados".[3]

---

[3] Disponível em: <http://www.stf.jus.br/portal/cms/verNoticiaDetalhe.asp?idConteudo=338016>. Acesso em: 8 maio 2017.

1.2. SERVIDOR PÚBLICO, EXERCÍCIO DA ADVOCACIA

Está sendo questionado no STF o art. 28, IV, da Lei n. 8.906/94 (Estatuto da Advocacia) que dispõe:

> *Art. 28. A advocacia é incompatível, mesmo em causa própria, com as seguintes atividades:*
>
> ....
>
> *IV — ocupantes de cargos ou funções vinculados direta ou indiretamente a qualquer órgão do Poder Judiciário e os que exercem serviços notariais e de registro;*

Trata-se da ADI n. 5.785-DF[4], sendo relatora a Min. Rosa Weber. O noticiário a respeito é o seguinte:

> *A Associação Nacional dos Agentes de Segurança do Poder Judiciário Federal (Agepoljus) e a Federação Nacional das Associações de Oficiais de Justiça Avaliadores Federais (Fenassojaf) ajuizaram Ação Direta de Inconstitucionalidade (ADI n. 5785), com pedido de liminar, no Supremo Tribunal Federal (STF), contra dispositivo da Lei n. 8.906/1994 (Estatuto da Advocacia), que restringe o exercício da advocacia a ocupantes de cargos ou funções vinculados direta ou indiretamente a qualquer órgão do Poder Judiciário e os que exercem serviços notariais e de registro (art. 28, inciso IV).*
>
> *Para as entidades, a restrição é contrária aos princípios constitucionais da razoabilidade, proporcionalidade, isonomia e igualdade, além de violar o livre exercício da profissão. "A restrição se mostra desarrazoada, pois impõe proibição exagerada, tendo em vista que os servidores do Poder Judiciário da União não possuem prerrogativa para tomada de decisões, ou mesmo estão vinculados tão somente a um determinado ramo do direito", alegam as entidades.*

---

[4] ADI n. 5.785-DF (Associação Nacional dos Agentes de Segurança do Poder Judiciário Federal — AGEPOLJUS e outro(a/s). Intdos.: Presidente da República e Congresso Nacional). Rel.: Min. Rosa Weber.

Para as autoras da ADI, seria mais "plausível" se a proibição fosse parcial, restrita aos órgãos aos quais estão vinculados os servidores. "Ou seja, a título exemplificativo, aquele servidor que exerce suas funções em Vara Trabalhista, estaria privado do exercício da advocacia na área trabalhista e na jurisdição territorial desta Vara", explicam. As entidades pedem liminar para suspender a eficácia do dispositivo legal até o julgamento do mérito da ADI, quando esperam que o art. 28, inciso IV, da Lei n. 8.906/1994, seja declarado inconstitucional.

Por prevenção, a ADI foi distribuída à ministra Rosa Weber.[5]

---

[5] Disponível em: <http://www.stf.jus.br/portal/cms/verNoticiaDetalhe.asp?idConteudo=358384>. Acesso em: 31 out. 2017.

2. MAGISTRADO

Dentre as diversas decisões de 2017, envolvendo interesses da magistratura brasileira, algumas guardam destaque especial pela sua importância para todos os juízes e, consequentemente, a sociedade do Brasil: a concessão e manutenção do abono de permanência, a possibilidade de afastamento remunerado para o exercício de atividade de direção de entidade internacional e o direito à licença-prêmio. Esses temas estão sendo apreciados pelo STF. Apresentamos, a seguir, algumas dessas decisões.

2.1. ABONO DE PERMANÊNCIA. MANUTENÇÃO

Julgando, em 28.3.2017, os MS ns. 33.424-DF[1] e 33.456-DF[2], ambos relatados pelo Min. Marco Aurélio, a 1ª Turma do STF reconheceu direito aos magistrados brasileiros a receberem o abono de permanência instituído pela Emenda Constitucional n. 41/2003, que lhes havia sido negado em atos do Tribunal de Contas da União.

O MS ns. 33.424-DF está assim ementado:

PODER JUDICIÁRIO — CARGOS — DESLOCAMENTO — ABONO DE PERMANÊNCIA. A ocupação de novo cargo dentro da estrutura do Poder Judiciário, pelo titular do abono de permanência, não implica a cessação do benefício.[3]

O noticiário acerca desses julgamentos registra:

A Primeira Turma do Supremo Tribunal Federal (STF) afastou entendimento do Tribunal de Contas da União (TCU) que condi-

---

[1] MS n. 33.424-DF, de 28.3.2017 (Maria Helena Mallmann vs. Tribunal de Contas da União). Rel.: Min. Marco Aurélio.

[2] MS n. 33.456-DF, de 28.3.2017 (Associação Nacional dos Magistrados da Justiça do Trabalho — ANAMATRA vs. Tribunal de Contas da União). Rel.: Min. Marco Aurélio.

[3] Disponível em: <http://www.stf.jus.br/portal/processo/verProcessoAndamento.asp?incidente=4699855>. Acesso em: 20 dez. 2017.

cionava o pagamento do abono de permanência a magistrados ao requisito do tempo mínimo de cinco anos no cargo em que se dará a aposentadoria. A decisão do colegiado foi tomada nesta terça-feira (28) no julgamento do mérito dos Mandados de Segurança (MS) ns. 33424 e 33456, e confirma liminares concedidas anteriormente pelo relator, ministro Marco Aurélio.

O abono de permanência foi instituído pela Emenda Constitucional (EC) n. 41/2003 e é pago ao servidor que, tendo preenchido as condições para se aposentar, voluntariamente decide permanecer em atividade. Por isso, o abono equivale ao valor da contribuição previdenciária descontada da remuneração do servidor público efetivo, para compensar o não exercício do direito à aposentadoria.

MS 33424

Em março de 2015, liminar concedida no MS n. 33424 pelo ministro Marco Aurélio suspendeu, em relação a uma ministra do Tribunal Superior do Trabalho (TST), os efeitos de ato do TCU contrário ao pagamento da parcela. Na ação, a ministra Maria Helena Mallmann informou que exerceu o cargo de juíza do Tribunal Regional do Trabalho da 4ª Região (TRT-4) até dezembro de 2014, quando tomou posse no TST, e recebia, naquele órgão, o valor de 11% relativo ao abono de permanência. O TST, com base no acórdão do TCU, não incluiu a parcela em sua folha de pagamento.

A magistrada sustentava que deveria continuar a receber a verba, uma vez que ainda ocupa cargo público em órgão do Judiciário, e argumentava que o entendimento do TCU resulta de interpretação equivocada da expressão "cinco anos no cargo efetivo em que se dará a aposentadoria" (inciso III, § 1º, art. 40, da Constituição Federal), pois "deve-se emprestar à expressão abordagem que considere a estrutura o Poder Judiciário como um todo". Por fim, defendeu, ainda, a irredutibilidade da remuneração do magistrado que venha a evoluir na estrutura do Judiciário.

Ao julgar o mérito, os ministros acompanharam o voto do ministro Marco Aurélio. Para ele, o TCU aplicou ao § 19, do art. 40, da CF, uma interpretação restritiva, "confundindo-se o direito à aposentadoria no novo cargo com o direito ao abono". Conforme o relator, ainda que a impetrante viesse a se desligar do cargo de ministra do TST, ela teria direito à aposentadoria como juíza do TRT-4.

MS n. 33456

Também em 2015, o ministro Marco Aurélio deferiu liminar no MS n. 33456, impetrado pela Associação Nacional dos Magistrados da Justiça do Trabalho (Anamatra), e suspendeu, para os associados da entidade, os efeitos de acórdão do TCU que determinou aos tribunais federais a observância do tempo mínimo de cinco anos no cargo para a concessão do abono de permanência. Os efeitos da liminar foram posteriormente estendidos aos magistrados representados pela Associação dos Juízes Federais do Brasil (Ajufe) e pela Associação dos Magistrados Brasileiros (AMB).[4]

2.2. AFASTAMENTO REMUNERADO[5]. PRESIDÊNCIA DE ENTIDADE INTERNACIONAL. *HABEAS CORPUS*[6]

Importante decisão do Min. Celso de Mello julgou inviável o pedido de *habeas corpus* em favor de magistrado trabalhista objetivando afastar--se da função jurisdicional a fim de presidir uma entidade de âmbito internacional. Foi a 30.6.3017, no HC n. 145.445-DF[7].

O pedido de afastamento do juiz havia sido negado anteriormente pelo TRT da 6ª Região e pelo Conselho Nacional de Justiça, que entenderam não alcançar a associação internacional a expressão *associação de classe*, que consta do art. 73, n. II, da Lei Orgânica da Magistratura.

O *habeas corpus* pedido foi considerando inviável porque não demonstrada qualquer violação ao direito constitucional de ir e vir.

Transcrevemos, a seguir, a íntegra da decisão do relator:

"HABEAS CORPUS". MAGISTRADO DO TRABALHO. PRETENDIDO AFASTAMENTO REMUNERADO PARA PRESIDIR

---

[4] Disponível em: <http://www.stf.jus.br/portal/cms/verNoticiaDetalhe.asp?idConteudo=339337>. Acesso em: 8 maio 2017.
[5] Sobre afastamento da comarca, v., nesta coletânea, v. 8, p. 89.
[6] Sobre *habeas corpus*, v., nesta coletânea, v. 4, p. 77, v. 6, p. 121, e v. 9, p. 58.
[7] HC n. 145.445-DF, de 30.6.2017 (Hugo Cavalcanti Melo Filho *vs*. Conselho Nacional de Justiça — CNJ). Rel.: Min. Celso de Mello.

ENTIDADE DE ÂMBITO INTERNACIONAL. PEDIDO INDEFERIDO PELO E. TRT/6ª REGIÃO. INAPLICABILIDADE DO ART. 73, III, DA LOMAN (NA REDAÇÃO DADA PELA LC N. 60/1989). DECISÃO MANTIDA PELO CONSELHO NACIONAL DE JUSTIÇA EM SEDE DE PROCEDIMENTO DE CONTROLE ADMINISTRATIVO. IMPETRAÇÃO DE "HABEAS CORPUS". INADMISSIBILIDADE. AUSÊNCIA DE DANO ATUAL OU DE LESÃO POTENCIAL À LIBERDADE DE LOCOMOÇÃO FÍSICA DO PACIENTE. PRECEDENTES. A EVOLUÇÃO DO TRATAMENTO JURISPRUDENCIAL QUE O SUPREMO TRIBUNAL FEDERAL DISPENSOU, AO LONGO DE SUA TRAJETÓRIA REPUBLICANA, AO REMÉDIO CONSTITUCIONAL DO "HABEAS CORPUS". PEDRO LESSA E ENÉAS GALVÃO. A INTERVENÇÃO DO ADVOGADO RUI BARBOSA. DOUTRINA BRASILEIRA DO "HABEAS CORPUS". A REFORMA CONSTITUCIONAL DE 1926 (PRESIDÊNCIA ARTUR BERNARDES). INVIABILIDADE DE CONVOLAÇÃO DA AÇÃO DE "HABEAS CORPUS" EM AÇÃO DE MANDADO DE SEGURANÇA. "HABEAS CORPUS" IMPETRADO, EM NOME PRÓPRIO, PELOS ADVOGADOS DO PACIENTE. AUSÊNCIA DE LEGITIMAÇÃO ATIVA "AD CAUSAM" DOS ADVOGADOS, NÃO OBSTANTE QUALIFICADOS PARA IMPETRAÇÃO DE "HABEAS CORPUS", PARA, EM SEU PRÓPRIO NOME, AJUIZAREM, NA CONDIÇÃO DE SUBSTITUTOS PROCESSUAIS, MANDADO DE SEGURANÇA DESTINADO À PROTEÇÃO JURISDICIONAL DE DIREITO SUBJETIVO ALEGADAMENTE TITULARIZADO POR TERCEIRA PESSOA, O ORA PACIENTE (RTJ n. 179/210-211, v.g.). PRECEDENTES ESPECÍFICOS. MAGISTÉRIO DA DOUTRINA. "HABEAS CORPUS" NÃO CONHECIDO.

DECISÃO:

Trata-se de *"habeas corpus"*, com pedido de medida liminar, impetrado contra deliberação que, emanada do E. Conselho Nacional de Justiça, acha-se consubstanciada em acórdão assim ementado:

"PROCEDIMENTO DE CONTROLE ADMINISTRATIVO. ATO DO TRIBUNAL REGIONAL DO TRABALHO DA 6ª REGIÃO (PE). INDEFERIMENTO DO AFASTAMENTO REMUNERADO DE MAGISTRADO. PRESIDÊNCIA DE

ENTIDADE NÃO ABRANGIDA NA DEFINIÇÃO ESTRITA DE 'ASSOCIAÇÃO DE CLASSE' CONSTANTE DO ART. 73, III, DA LOMAN. NECESSIDADE DE INTERPRETAÇÃO RESTRITA. PREVALÊNCIA DO INTERESSE PÚBLICO EM DETRIMENTO DOS INTERESSES PRIVADOS DA PARTE E DA ENTIDADE. AUSÊNCIA DE ILEGALIDADE NO ATO. PEDIDO JULGADO IMPROCEDENTE.

1. Indeferimento pelo Tribunal Regional do Trabalho da 6ª Região (PE) de pedido de afastamento remunerado de juiz do trabalho para presidir associação por não se tratar de entidade que se enquadre na definição de 'associação de classe', em virtude do âmbito internacional e de sua natureza. Decisão impugnada por procedimento de controle administrativo.

2. A Lei Orgânica da Magistratura Nacional (LOMAN) comporta interpretação restrita sobre a natureza das associações que se enquadram na exceção do inciso III do art. 73 para o efeito de assegurar afastamento remunerado pelo erário ao magistrado, o que não constitui restrição a direitos constitucionais de liberdade de associação.

3. Na gestão judiciária, deve prevalecer o interesse público na perspectiva da efetividade da prestação jurisdicional em detrimento do interesse privado do magistrado ou da gestão de entidades associativas.

4. Procedimento de controle administrativo julgado improcedente." (grifei)

Busca-se, na presente sede processual, "(...) seja concedida a ordem de 'habeas corpus', sustando-se definitivamente o constrangimento ilegal sofrido pelo Paciente oriundo da decisão ora questionada, de modo a que seja autorizado, sempre que necessário, seu afastamento das funções jurisdicionais perante a 12ª Vara do Trabalho de Recife — PE, em prol do exercício pleno da presidência da ALJT até o final de seu mandato (novembro de 2018)" (grifei).

Sendo esse o contexto, passo a apreciar questão pertinente à admissibilidade, na espécie, deste "writ" constitucional.

Tenho para mim que se revela processualmente inviável a presente impetração, por tratar-se de matéria insuscetível de exame em sede de "habeas corpus", notadamente porque o pretendido afastamento remunerado do paciente das suas funções jurisdicionais não se confunde com o exercício do direito de ir e vir, cuja proteção é ora pleiteada nesta sede mandamental.

Como se sabe, a ação de "habeas corpus" destina-se, unicamente, a amparar a imediata liberdade de locomoção física das pessoas, revelando-se estranha à sua específica finalidade jurídico-constitucional qualquer pretensão que vise a desconstituir atos que não se mostrem ofensivos, ainda que potencialmente, ao direito de ir, de vir e de permanecer das pessoas.

É por tal razão que o Supremo Tribunal Federal, atento à destinação constitucional do "habeas corpus", não tem conhecido do remédio heroico, quando utilizado, como no caso, em situações de que não resulte qualquer possibilidade de ofensa ao "jus manendi, ambulandi, eundi ultro citroque" (RTJ 116/523 — RTJ 141/159, v. g.), mesmo porque a deliberação ora impugnada restringiu-se à denegação "de pedido de afastamento remunerado", matéria que, por evidente, não envolve qualquer cerceamento ao direito de ir, de vir ou de permanecer do magistrado interessado.

Na realidade, eventual lesão ao pretendido afastamento remunerado, caso este pudesse ser considerado como direito líquido e certo de qualquer magistrado (LC n. 35/79, art. 73, III), seria reparável, ao menos em tese, mediante utilização de mandado de segurança, constitucionalmente vocacionado "a proteger direito líquido e certo, não amparado por 'habeas corpus' ou 'habeas data'" (CF, art. 5º, inciso LXIX).

Como enfatizado, a recusa, por instâncias administrativas do Poder Judiciário, do direito vindicado pelo paciente motivou a impetração da presente ordem de "habeas corpus", deduzida com o objetivo de viabilizar a obtenção, por referido magistrado, do afastamento remunerado de suas atividades jurisdicionais no Brasil, cuja autorização — segundo ora sustentado — fundamentar-se-ia no art. 73, inciso III, da Lei Orgânica da Magistratura Nacional.

Esse, portanto, é o direito-fim (afastamento funcional remunerado) visado pelo ora paciente, cuja liberdade de locomoção física

— insista-se — não se acha coarctada, nem mesmo remotamente, pelo simples fato de o magistrado em questão poder locomover-se, com absoluta liberdade, no País ou fora dele!

A única concessão que tem sido feita pela jurisprudência do Supremo Tribunal Federal, que considera idôneo, para tanto, o remédio constitucional do "habeas corpus", reside nas hipóteses em que o paciente esteja a sofrer injusto constrangimento de ordem processual no curso de persecução criminal (HC n. 94.016/SP, Rel. Min. CELSO DE MELLO, v. g.), caso em que esse "writ" constitucional terá inteira pertinência para preservar os direitos do investigado, do indiciado, do réu e/ou do sentenciado no contexto de procedimentos penais-persecutórios contra ele instaurados, situação, por óbvio, de todo inocorrente, na espécie, em relação ao ora paciente.

Cabe acentuar, por relevante, tal como advertiu o eminente Ministro SEPÚLVEDA PERTENCE, que, na situação que venho de referir, "Não se trata (...) de fazer reviver a 'doutrina brasileira do 'habeas corpus'', mas, sim, de dar efetividade máxima ao remédio constitucional contra a ameaça ou a coação da liberdade de ir e vir, que não se alcançaria, se limitada a sua admissibilidade às hipóteses da prisão consumada ou iminente" (HC n. 82.354/PR, Rel. Min. SEPÚLVEDA PERTENCE — grifei), eis que a admissibilidade desse "writ" constitucional mostrar-se-á viável, sempre, não obstante meramente potencial a ofensa ao direito de ir, vir ou permanecer do paciente, naqueles casos em que contra ele for instaurada a pertinente "persecutio criminis":

"I. 'Habeas corpus': admissibilidade: decisão judicial que, no curso do inquérito policial, autoriza quebra de sigilo bancário. Se se trata de processo penal ou mesmo de inquérito policial, a jurisprudência do STF admite o 'habeas corpus', dado que de um ou outro possa advir condenação a pena privativa de liberdade, ainda que não iminente, cuja aplicação poderia vir a ser viciada pela ilegalidade contra o qual se volta a impetração da ordem. Nessa linha, não é de recusar a idoneidade do 'habeas corpus', seja contra o indeferimento de prova de interesse do réu ou indiciado, seja, o deferimento de prova ilícita ou o deferimento inválido *de prova lícita: nessa última hipótese, enquadra-se o pedido de 'habeas corpus' contra a decisão — alegadamente não fundamentada ou carente de justa causa — que autoriza a quebra do sigilo bancário do paciente (...)." (HC n. 79.191/ SP, Rel. Min. SEPÚLVEDA PERTENCE — grifei)*

A ação de "habeas corpus", portanto, enquanto remédio jurídico-constitucional revestido de finalidade específica, não pode ser utilizada como sucedâneo de outras ações judiciais, notadamente naquelas hipóteses em que o direito-fim (ou direito--escopo, na expressão feliz de PEDRO LESSA) não se identifica — tal como neste caso ocorre (em que se impugna a denegação de afastamento funcional remunerado) — com a própria liberdade de locomoção física.

É que entendimento diverso conduziria, necessariamente, à descaracterização desse instrumento tutelar da liberdade de locomoção.

Não se pode desconhecer que, com a cessação da doutrina brasileira do "habeas corpus", motivada pela Reforma Constitucional de 1926, restaurou-se, em nosso sistema jurídico, a função clássica desse remédio heroico.

Por tal razão, não se revela suscetível de conhecimento a ação de "habeas corpus", quando promovida contra ato (ou omissão) estatal de que não resulte, de modo imediato, ofensa, atual ou iminente, à liberdade de locomoção física (RTJ 135/593 — RTJ 136/1226 — RTJ 142/896 — RTJ 152/140 — RTJ 178/1231 — RTJ 180/962 — RTJ 197/587-588, v.g.):

"A função clássica do 'habeas corpus' restringe-se à estreita tutela da imediata liberdade de locomoção física das pessoas. — A ação de 'habeas corpus' — desde que inexistente qualquer situação de dano efetivo ou de risco potencial ao 'jus manendi, ambulandi, eundi ultro citroque' — não se revela cabível, mesmo quando ajuizada para discutir eventual nulidade do processo penal em que proferida decisão condenatória definitivamente executada. Esse entendimento decorre da circunstância histórica de a Reforma Constitucional de 1926 — que importou na cessação da doutrina brasileira do

*'habeas corpus' — haver restaurado a função clássica desse extraordinário remédio processual, destinando-o, quanto à sua finalidade, à específica tutela jurisdicional da imediata liberdade de locomoção física das pessoas. Precedentes."
(RTJ 186/261-262, Rel. Min. CELSO DE MELLO)*

Cabe fazer aqui um pequeno registro histórico concernente ao tratamento jurisprudencial que esta Suprema Corte conferiu ao remédio do "habeas corpus" ao longo de nossa primeira Constituição republicana. Foi no Supremo Tribunal Federal que se iniciou, sob a égide da Constituição republicana de 1891, o processo de construção jurisprudencial da doutrina brasileira do "habeas corpus", que teve, nesta Corte, como seus principais formuladores, os eminentes Ministros PEDRO LESSA e ENÉAS GALVÃO.

A origem dessa formulação doutrinária reside, como sabemos, nos julgamentos que, proferidos no célebre "Caso do Conselho Municipal do Distrito Federal", ampliaram, de modo significativo, o âmbito de incidência protetiva do remédio constitucional do "habeas corpus".

Refiro-me aos julgamentos plenários que esta Suprema Corte proferiu em 08.12.1909 (RHC n. 2.793/DF, Rel. Min. CANUTO SARAIVA), em 11.12.1909 (HC n. 2.794/DF, Rel. Min. GODOFREDO CUNHA) e em 15.12.1909 (HC n. 2.797/DF, Rel. Min. OLIVEIRA RIBEIRO, e RHC n. 2.799/DF, Rel. Min. AMARO CAVALCANTI), além daquele que resultou na concessão, em 25.01.1911, do HC n. 2.990/DF, Rel. Min. PEDRO LESSA.

As decisões proferidas em mencionados julgamentos revestem-se de aspecto seminal no que concerne ao próprio "corpus" doutrinário que se elaborou, naquele particular momento histórico, no âmbito do Supremo Tribunal Federal, no contexto da teoria brasileira do "habeas corpus", cuja incidência permitia, como já assinalado, o amparo jurisdicional de outros direitos, que não apenas o direito de ir, vir e permanecer, desde que aqueles outros direitos guardassem relação de dependência com a liberdade de locomoção física do indivíduo ou tivessem por fundamento ou pressuposto a prática dessa mesma liberdade, tal como claramente expôs, em clássica monografia ("Do Poder Judiciário", p. 285/287, § 61, 1915, Francisco Alves), o eminente Ministro PEDRO LESSA:

"Algumas vezes, entretanto, a ilegalidade de que se queixa o paciente não importa a completa privação da liberdade individual. Limita-se, a coação ilegal a ser vedada, unicamente à liberdade individual, 'quando esta tem por fim próximo o exercício de um determinado direito'. Não está o paciente preso, nem detido, nem exilado, nem ameaçado de imediatamente o ser. Apenas o impedem de ir, por exemplo, a uma praça pública, onde se deve realizar uma reunião com intuitos políticos; a uma casa comercial, ou a uma fábrica, na qual é empregado; a uma repartição pública, onde tem de desempenhar uma função, ou promover um interesse; à casa em que reside, ao seu domicílio.

....

Pouco importa a espécie de direitos que o paciente precisa ou deseja exercer. Seja-lhe necessária a liberdade de locomoção para pôr em prática um direito de ordem civil, ou de ordem comercial, ou de ordem constitucional, ou de ordem administrativa, deve ser-lhe concedido o 'habeas-corpus', sob a cláusula exclusiva de ser juridicamente indiscutível este último direito, o direito escopo.

Para recolher à casa paterna o impúbere transviado, para fazer um contrato ou um testamento, para receber um laudêmio, ou para constituir uma hipoteca; para exercitar a indústria de transporte, ou para protestar uma letra; para ir votar, ou para desempenhar uma função política eletiva; para avaliar um prédio e coletá-lo, ou para proceder ao expurgo higiênico de qualquer habitação; se é necessário garantir a um indivíduo a liberdade de locomoção, porque uma ofensa, ou uma ameaça, a essa liberdade foi embaraço a que exercesse qualquer desses direitos, não lhe pode ser negado 'habeas-corpus'. (...)." (grifei)

Como salientado, a jurisprudência que se consolidou no Supremo Tribunal Federal ao longo da Constituição de 1891 até a Reforma de 1926 contemplava a possibilidade de utilização do remédio constitucional do "habeas corpus" mesmo naqueles casos em que a liberdade de ir, vir e permanecer pudesse ser afetada de modo reflexo por atos *estatais supostamente abusivos ou ilegais (Revista Forense 34/505 — RF 36/192 — RF 38/213 — RF 45/183, v.g.):*

> *"O 'habeas-corpus' é remédio legal para garantir a cidadão membro do poder legislativo municipal o livre exercício dos seus cargos políticos." (RF 22/306, Rel. Min. MANOEL MURTINHO — grifei)*

Vale mencionar, neste ponto, como registro histórico, que o Ministro ENÉAS GALVÃO, tal como relembrado por LÊDA BOECHAT RODRIGUES ("História do Supremo Tribunal Federal", vol. III/33-35, 1991, Civilização Brasileira), aprofundou, ainda mais, a discussão em torno do alcance do "habeas corpus", sustentando — para além do que preconizava PEDRO LESSA — que esse remédio constitucional deveria ter campo de incidência muito mais abrangente, em ordem a proteger outros direitos, mesmo que estes não tivessem por fundamento o exercício da liberdade de locomoção física, tal como o evidencia decisão emanada desta Corte Suprema consubstanciada em acórdão assim ementado:

> *"O 'habeas-corpus', conforme o preceito constitucional, não se restringe a garantir a liberdade individual, contra a prisão ou ameaça de prisão ilegais, ampara, também, outros direitos individuais contra o abuso ou violência da autoridade. Em casos semelhantes ao atual, o Tribunal tem concedido o 'habeas-corpus' para garantir a posse e exercício de Vereador eleito, impedido pela autoridade de exercitar o cargo (...)." (HC n. 3.983/MG, Rel. Min. CANUTO SARAIVA — grifei)*

É importante relembrar, ainda, a decisiva participação de RUI BARBOSA nesse processo de construção hermenêutica que resultou na elaboração da doutrina brasileira do "habeas corpus". O grande Advogado e jurisconsulto baiano, em discurso parlamentar proferido no Senado da República, na sessão de 22.01.1915 ("Obras Completas de Rui Barbosa", vol. XLII (1915), tomo II/89-161, 1981, MEC/Fundação Casa de Rui Barbosa), procedeu, de maneira bastante eloquente, em seu último pronunciamento a propósito da intervenção federal no Estado do Rio de Janeiro, a uma ampla análise do que significou, para o País e para o regime das liberdades constitucionais, a formulação, pelo Supremo Tribunal Federal, da doutrina brasileira do "habeas corpus".

Vale insistir, no entanto, considerada a cessação da doutrina brasileira do "habeas corpus", cuja formulação jurisprudencial resultou de uma brilhante construção realizada pelo Supremo Tribunal Federal, que o "habeas corpus", em sua condição de instrumento de ativação da jurisdição constitucional das liberdades, configura um poderoso meio de cessação do injusto constrangimento ao estado de liberdade de locomoção física das pessoas. Se essa liberdade não se expõe a qualquer tipo de cerceamento, e se o direito de ir, vir ou permanecer sequer se revela ameaçado, nada justifica o emprego do remédio heroico do "habeas corpus", por não estar em causa a liberdade de locomoção física:

CONSTITUCIONAL. PROCESSUAL PENAL. 'HABEAS CORPUS': CABIMENTO. C.F., art. 5º, LXVIII. I. — O 'habeas corpus' visa a proteger a liberdade de locomoção — liberdade de ir, vir e ficar — por ilegalidade ou abuso de poder, não podendo ser utilizado para proteção de direitos outros. C.F., art. 5º, LXVIII. II. — 'H.C.' indeferido, liminarmente. Agravo não provido. (HC n. 82.880-AgR/SP, Rel. Min. CARLOS VELLOSO, Pleno — grifei)

Impende reafirmar, desse modo, que esse remédio constitucional, considerada a sua específica destinação tutelar, tem por finalidade amparar, em sede jurisdicional, "única e diretamente, a liberdade de locomoção. Ele se destina à estreita tutela da imediata liberdade física de ir e vir dos indivíduos (...)" (RTJ 66/396 — RTJ 177/1206-1207 — RTJ 197/587-588 — RT 338/99 — RT 423/327 — RF 213/390 — RF 222/336 — RF 230/280, v.g.).

Não foi por outro motivo que o Supremo Tribunal Federal, em situações nas quais se controvertia em torno do afastamento de cargo público, reputou inadmissível a utilização do remédio constitucional do "habeas corpus", considerando, para tanto, a distinção, a que anteriormente me referi, entre direito-meio e direito--fim (HC n. 76.605/SP, Rel. Min. SEPÚLVEDA PERTENCE — HC n. 99.829/RJ, Rel. Min. GILMAR MENDES — HC n. 107.423-AgR/TO, Rel. Min. ROBERTO BARROSO — HC n. 110.537-AgR/DF, Rel.

Min. ROBERTO BARROSO — HC n. 125.958-AgR/SC, Rel. Min. CELSO DE MELLO — HC n. 138.540-MC/AP, Rel. Min. CELSO DE MELLO, v.g.):

> *I. — O afastamento do paciente do cargo de Prefeito Municipal não autoriza a impetração de 'habeas corpus', porquanto não põe em risco a sua liberdade de locomoção. É que o 'habeas corpus' visa a proteger a liberdade de locomoção, por ilegalidade ou abuso de poder, não podendo ser utilizado para proteção de direitos outros. II. — 'H.C.' não conhecido. (HC n. 84.816/PI, Rel. Min. CARLOS VELLOSO — grifei)*
>
> *1. O 'habeas corpus' deve ser utilizado 'sempre que alguém sofrer ou se achar ameaçado de sofrer violência ou coação em sua liberdade de locomoção, por ilegalidade ou abuso de poder' (art. 5º, LXVIII, da CF/88). 2. Não cabe 'habeas corpus' para questionar decisão de Tribunal de Justiça que determina o afastamento cautelar do paciente do exercício de função pública. Precedentes. (…). (HC n. 119.214/RJ, Red. p/ o acórdão Min. ROBERTO BARROSO — grifei)*

Finalmente, torna-se insuscetível de invocação o princípio da fungibilidade das formas processuais, com a finalidade de obter-se a convolação da presente ação de "habeas corpus" em ação de mandado de segurança.

É que este "habeas corpus", embora inadequado quanto à sua utilização, foi impetrado, em nome próprio, como o permite o ordenamento positivo, pelos ilustres Advogados do magistrado em questão, que nele figura como paciente, em razão de o remédio constitucional do "habeas corpus" — por qualificar-se como típica ação penal popular (RT 718/518 — RTJ 164/193, Rel. Min. CELSO DE MELLO, v.g.) — ser ajuizável "por qualquer pessoa, em seu favor ou de outrem (…)" (CPP, art. 654, "caput" — grifei).

O mandado de segurança, por sua vez, ao contrário do que sucede com a ação de "habeas corpus", não admite, em regra, a substituição processual, ressalvada a hipótese — inocorrente na espécie — prevista no art. 3º da Lei n. 12.016/2009, de todo inaplicável ao caso ora em exame.

Cumpre assinalar que o entendimento que venho de expor encontra apoio em autorizado magistério doutrinário (HELY LOPES MEIRELLES, ARNOLDO WALD e GILMAR FERREIRA MENDES, "Mandado de Segurança e Ações Constitucionais", p. 36, item n. 4, 35ª ed., 2013, Malheiros; HUMBERTO THEODORO JUNIOR, "Curso de Direito Processual Civil", vol. I/267-269, item n. 185, 56ª ed., 2015, Forense; CÂNDIDO RANGEL DINAMARCO, "Instituições de Direito Processual Civil", volume II/120-121, item n. 440, 6ª ed., 2009, Malheiros; VICENTE GRECO FILHO, "Direito Processual Civil Brasileiro", vol. I/78, item n. 14, 17ª ed., 2003, Saraiva, v.g.), cujas lições fazem incidir, em situações como a dos autos, a norma restritiva fundada no art. 18, "caput", do novo CPC, de conteúdo essencialmente idêntico ao do art. 6º do ora revogado CPC/73.

Impende registrar, ainda, que essa orientação — impossibilidade da legitimação anômala ou extraordinária, por substituição processual, fora das hipóteses previstas em lei — tem o beneplácito da jurisprudência que o Supremo Tribunal Federal firmou na matéria ora em análise (RTJ 130/108, Rel. Min. CÉLIO BORJA — MS n. 22.444/SP, Rel. Min. NÉRI DA SILVEIRA — MS n. 34.102-MC/DF, Rel. Min. CELSO DE MELLO, v.g.):

> *Mandado de segurança. Legitimidade ativa. O mandado de segurança pressupõe a existência de direito próprio do impetrante. Somente pode socorrer-se dessa especialíssima ação o titular do direito, lesado ou ameaçado de lesão, por ato ou omissão de autoridade. A ninguém é dado pleitear, em nome próprio, direito alheio, salvo quando autorizado por lei (art. 6º do CPC). Não obstante a gravidade das alegações, evidente é a ilegitimidade do postulante e a falta de interesse processual. Pedido não conhecido. (RTJ 110/1026, Rel. Min. DJACI FALCÃO — grifei)*

> *Mandado de Segurança. Direito subjetivo. Interesse. Descabe o mandado de segurança quando o impetrante não tem em vista a defesa de direito subjetivo, mas a de mero interesse reflexo de normas objetivas. Precedentes e doutrina. (...). (RTJ 120/328, Rel. Min. FRANCISCO REZEK — grifei)*

Mandado de segurança. Legitimidade ativa: inexistência. O mandado de segurança é medida judicial que só pode ser utilizada para defesa de direito próprio e direito do impetrante, e não para defender direito potencial, e que apenas poderia eventualmente surgir se afastado aquele a quem o ato apontado como ilegal iria atingir. (...). (RTJ 120/816, Rel. Min. ALDIR PASSARINHO — grifei)

Mandado de Segurança. Não cabe se o ato contra o qual é impetrado não fere direito líquido e certo do impetrante. A ninguém é dado pleitear em nome próprio direito alheio, salvo quando autorizado por Lei (CPC, art. 6º). Impetração não conhecida. (RTJ 128/1138, Rel. Min. CARLOS MADEIRA — grifei)

Mandado de segurança requerido pelo Impetrante, na qualidade de cidadão brasileiro, contra ato de Comissão da Câmara dos Deputados, tendente a possibilitar a adoção da pena de morte, mediante consulta plebiscitária. Falta de legitimidade ativa do Requerente, por falta de ameaça concreta a direito individual, particularizado em sua pessoa. (RTJ 139/783, Rel. Min. OCTAVIO GALLOTTI — grifei)

— O autor da ação de mandado de segurança individual não pode pleitear, em nome próprio, a tutela jurisdicional de direito público subjetivo alheio, salvo quando autorizado por lei (CPC, art. 6º). O impetrante do mandado de segurança individual, por não dispor de legitimação extraordinária para agir, não pode invocar a proteção jurisdicional do Estado em favor da generalidade dos participantes de um determinado concurso público. (RTJ 179/210-211, Rel. Min. CELSO DE MELLO)

MANDADO DE SEGURANÇA (...) — AJUIZAMENTO, EM NOME PRÓPRIO, DE AÇÃO MANDAMENTAL OBJETIVANDO A PROTEÇÃO DE DIREITO ALHEIO (...) — INADMISSIBILIDADE — CARÁTER EXCEPCIONAL DA LEGITIMAÇÃO ATIVA EXTRAORDINÁRIA OU ANÔMALA (CPC, ART. 6º) — INOCORRÊNCIA, NO CASO, DA HIPÓTESE EXCEPCIONAL A QUE SE REFERE O ART. 3º DA LEI N. 12.016/2009 — PRECEDENTES — DOUTRINA (...)

— *RECURSO DE AGRAVO IMPROVIDO. (MS 33.844-MC--AgR/DF, Rel. Min. CELSO DE MELLO, Pleno)*

Essa, pois, a razão da impossibilidade de conversão, na espécie, do "habeas corpus" em mandado de segurança.

Sendo assim, e pelas razões expostas, não conheço da presente ação de "habeas corpus", restando prejudicado, em consequência, o exame do pedido de medida liminar.

Arquivem-se estes autos.

Publique-se.[8]

2.3. LICENÇA-PRÊMIO. REPERCUSSÃO GERAL

No RE n. 1.059.466-AL[9], relatado pelo Min. Alexandre de Morais, o Plenário Virtual do STF reconheceu a existência de repercussão geral. O que é objetivado no recurso extremo é o reconhecimento de antiga reivindicação dos juízes brasileiros, de isonomia entre magistrados e membros do Ministério Público para fins de concessão de licença-prêmio ou indenização por sua não fruição.

O noticiário contendo o registro da decisão é o seguinte:

O Plenário Virtual do Supremo Tribunal Federal reconheceu, por unanimidade, a existência de repercussão geral da questão tratada no Recurso Extraordinário (RE) n. 1059466, que discute a isonomia entre as carreiras da magistratura e do Ministério Público em relação ao direito à licença-prêmio ou à indenização por sua não fruição.

O recurso foi interposto pela União contra decisão da Justiça Federal de Alagoas que concedeu a licença-prêmio a um juiz do trabalho. Segundo o juiz, o Estatuto do Ministério Público da União (Lei Complementar n. 75/1993) confere aos membros da instituição o direito ao benefício, e a Resolução n. 133/2011 do Conselho

---

[8] Disponível em: <http://www.stf.jus.br/portal/processo/verProcessoAndamento.asp?incidente=5215311>. Acesso em: 18 dez. 2017.

[9] RE n. 1.059.466-AL (União *vs.* Luiz Henrique Candido da Silva). Rel.: Min. Alexandre de Moraes.

Nacional de Justiça (CNJ) reconhece a igualdade de direitos e prerrogativas entre a magistratura e o MPU.

O benefício havia sido negado por seu órgão de origem, o Tribunal Regional do Trabalho da 19ª Região, por não haver previsão na Lei Orgânica da Magistratura Federal (Loman — Lei Complementar n. 35/1979). A Turma Recursal dos Juizados Especiais Federais de Alagoas, no entanto, deferiu o pedido com base no princípio da simetria em relação aos benefícios garantidos aos membros do MPU.

A União, no recurso extraordinário ao STF, argumenta que a decisão violou diversos dispositivos constitucionais e a Súmula Vinculante n. 37 do STF, segundo a qual não cabe ao Judiciário aumentar vencimentos de servidores públicos com fundamento no princípio da isonomia.

Para o relator do RE, ministro Alexandre de Moraes, a repercussão geral do tema é evidente. "No âmbito político e social, o julgamento da questão pelo STF trará solução uniforme a qual terá necessária legitimidade, tendo em vista a inexistência de qualquer dúvida sobre a existência de interesse, direto ou indireto, de toda a magistratura nacional no resultado da lide", afirmou. "Acrescente-se que as decisões de primeira instância sobre a matéria vêm tendo impacto imediato na distribuição de processos ao Supremo Tribunal Federal, haja vista o expressivo número de reclamações ajuizadas diretamente perante esta Corte — apenas no ano de 2017, contabilizam-se mais de 50 reclamações em torno deste tema".[10]

---

[10] Disponível em: <http://www.stf.jus.br/portal/cms/verNoticiaDetalhe.asp?idConteudo=360306>. Acesso em: 31 out. 2017.

3. CONCURSO PÚBLICO

Existem inúmeras dificuldades que enfrentam candidatos e órgãos públicos aquando da realização de concurso para ingressar no serviço do Estado. Entendemos que a regra fundamental é aquela que se encontra inserta no edital do certame, que, exatamente por esse motivo, deve ser claro e abranger a maior quantidade de possíveis questionamentos que podem, se levados ao Judiciário, inviabilizar o evento.

O enfrentamento de questões pessoais de cada candidato merece ser observado, com efeito, na redação desses comandos norteadores dos concursos, e aqui estão situações expressivas: a pessoa com visão monocular e aquele que possui tatuagens.

3.1. CANDIDATO COM VISÃO MONOCULAR. DEFICIÊNCIA. INSCRIÇÃO

Três liminares foram concedidas pelo Min. Édson Fachin, na condição de relator dos MS ns. 34.541-DF[1], 34.623-DF[2] e 34.624-DF[3], garantindo a inscrição de candidatos com visão monocular, na condição de pessoas com deficiência, em concurso público para Procurador da República. O edital do concurso referia apenas a deficiência relevante e todo o portador de visão monocular irreversível necessariamente é deficiente para qualquer pessoa de bom senso. A esse fim, como destacado pelo relator, o Decreto n. 3.298/99 estabelecia diretrizes. Ademais, o deficiente no Brasil está protegido, como sói acontecer, pelo Lei n. 13.146/2015 (Estatuto da Pessoa com Deficiência) e pela Convenção de Proteção das Pessoas com Deficiência.

---

[1] MS n. 34.541-DF, de 3.2.2017 (Joselany Neves Girão Barreto vs. Procurador-Geral da República). Rel.: Min. Edson Fachin.

[2] MS n. 34.623-DF, de 13.2.2017 (Rafael Luis Innocente e Outro(a/s) vs. Procurador-Geral da República). Rel.: Min. Edson Fachin.

[3] MS n. 34.624-DF, de 13.2.2017 (Eudes Neves da Silva Santana vs. Procurador-Geral da República). Rel.: Min. Edson Fachin.

O noticiário a respeito dessa sábia decisão do Min. Edson Fachin é o seguinte:

O ministro Edson Fachin, do Supremo Tribunal Federal (STF), concedeu liminar em três Mandados de Segurança (MSs ns. 34541, 34623 e 34624) para garantir a quatro candidatos o deferimento provisório de sua inscrição, como pessoas com deficiência, no 29º Concurso Público para provimento de cargos de procurador da República.

Os candidatos afirmam ter apresentado laudo médico comprovando que possuem visão monocular irreversível, porém, acolhendo parecer jurídico de comissão especial, o procurador-geral da República indeferiu sua inscrição, sob o argumento de que a condição não se enquadra no conceito de deficiência previsto na Lei n. 13.146/2015 (Estatuto da Pessoa com Deficiência). Nos mandados de segurança, eles alegam que a matéria já foi analisada pelo STF de forma favorável ao pedido.

Decisão

O ministro afirmou que o STF tem entendimento no sentido de que a visão monocular se enquadra como deficiência física, habilitando o candidato em concurso público a concorrer às vagas reservadas, citando, nesse sentido, o Recurso Extraordinário com Agravo (ARE) n. 760015 e o Recurso Ordinário em Mandado de Segurança (RMS) n. 26071. Segundo o relator, como o § 1º do art. 2º do Estatuto da Pessoa com Deficiência, o qual estabelece que a avaliação da deficiência seja realizada por equipe multiprofissional, só entrará em vigor em julho, não há razão, neste momento, para que a jurisprudência consolidada do STF deixe de ter aplicação.

Fachin explicou as alterações no conceito de pessoa com deficiência com a promulgação no Brasil da Convenção de Proteção das Pessoas com Deficiência e com o Estatuto da Pessoa com Deficiência, mas considerou que a substituição do conceito biomédico não impossibilita que determinadas condições físicas sejam reconhecidas como deficiência. "O que a convenção e a lei exigem é, na verdade, que se faça uma avaliação dos impedimentos de longo prazo que uma pessoa possui à luz da interação com uma ou mais barreiras", afirmou.

Como os parâmetros da nova lei ainda não estão em vigor, o ministro entendeu que aqueles estabelecidos no Decreto n. 3.298/1999, que prevê diretrizes para a comissão multiprofissional avaliar as deficiências dos candidatos, seriam "razoáveis" para os fins preconizados na lei. "O edital, no entanto, não contém nenhum desses requisitos, o que empresta, por ora, plausibilidade às alegações invocadas pelos impetrantes [autores da ação]", disse.

O relator salientou ainda que a resolução do Ministério Público Federal que estabelece normas sobre o concurso para ingresso na carreira de procurador não define os requisitos necessários para a avaliação, limitando-se a adotar que seja relevante a deficiência. Frisou ainda que um dos requisitos para a concessão da liminar, o perigo da demora, está presente, pois a primeira prova está marcada para o dia 12 de março.[4]

3.2. TATUAGEM. REINTEGRAÇÃO DE CANDIDATO

O STF fixou, no RE n. 898.450-SP, que editais de concursos públicos não podem estabelecer restrições a portadores de tatuagem salvo quando violando princípios constitucionais[5].

Na PET n. 7.162-SP[6], relatada pelo Min. Dias Toffoli, foi concedida, em 2.8.2017, tutela de urgência para reintegrar candidato a soldado da Polícia Militar de São Paulo, que havia sido afastado por possuir tatuagem visível quando usando uniforme de treinamento.

A íntegra da decisão é a seguinte:

Vistos.

Cuida-se de petição apresentada por Michael Silva Caires, em face do Estado de São Paulo, com o fito de obter o efeito suspensivo

---

[4] Disponível em: <http://www.stf.jus.br/portal/cms/verNoticiaDetalhe.asp?idConteudo =336327>. Acesso em: 8 maio 2017.

[5] V., nesta coletânea, a íntegra do voto do Relator desse recurso extraordinário, Min. Dias Toffoli, no v. 20, p. 28 e segs.. Também sobre tatuagem, v. 19, p. 138.

[6] PET n. 7.162-SP, de 2.8.2017 (Michael Silva Caires *vs.* Estado de São Paulo). Rel.: Min. Dias Toffoli.

ativo a agravo em recurso extraordinário, interposto contra decisão do Tribunal de Justiça de São Paulo que, nos autos do processo n. 1022270-17.2015.8.26.0053, deu provimento à apelação e ao reexame necessário, para considerar que o autor, candidato ao concurso público de Soldado PM 2ª Classe, não possui direito a prosseguir no certame por possuir tatuagem em confronto com os valores constitucionais.

Narra que, quando da publicação do acórdão em apelação, já estava exercendo, amparado em anterior decisão judicial, as funções de policial militar do estado de São Paulo em estágio externo (módulo do curso de formação). Argui que, com seu afastamento por força do acórdão, está na iminência de perder sua vaga no concurso caso não seja imediatamente reintegrado.

Sustenta que o acórdão estaria em desarmonia com a tese fixada nos autos do RE n. 898.450 — submetido à sistemática da repercussão geral (tema n. 838) e já julgado por esta Corte — pois, argumenta, a tatuagem que possui em seu braço direito seria "uma ANSATA (símbolo religioso que significa vida eterna), não (...) visível com o uso do uniforme operacional. Ademais, prossegue, o julgamento teria se baseado "em suposto laudo pericial de fls. 85 que inexiste". Aponta julgados desta Corte que, em sua compreensão, amparam sua pretensão e requer:

> *"a tutela provisória recursal de urgência para a finalidade de reintegrar o recorrente ao curso de Formação da Policia Militar do Estado de São Paulo, até o trânsito em julgado do agravo em recurso extraordinário interposto nos Autos da Apelação n. 1022270-17.2015.8.26.0053".*

É o relato do necessário. Decido.

Inicialmente, defiro o pedido de Justiça gratuita, nos termos do art. 4º da Lei n. 1.060/50, c/c o art. 62 do Regimento Interno do Supremo Tribunal Federal.

Tenho que é o caso de concessão da tutela de urgência requerida.

É fato que, nos termos da jurisprudência desta Corte, não é cabível insurgência a este Supremo Tribunal Federal, para correção de suposto equívoco na aplicação da repercussão geral, conforme se observa do julgamento do AI n. 760.358-QO/SE, Rel. Min. Gilmar Mendes. Vide:

"Questão de Ordem. Repercussão Geral. Inadmissibilidade de agravo de instrumento ou reclamação da decisão que aplica entendimento desta Corte aos processos múltiplos. Competência do Tribunal de origem. Conversão do agravo de instrumento em agravo regimental. 1. Não é cabível agravo de instrumento da decisão do tribunal de origem que, em cumprimento do disposto no § 3º do art. 543-B, do CPC, aplica decisão de mérito do STF em questão de repercussão geral. 2. Ao decretar o prejuízo de recurso ou exercer o juízo de retratação no processo em que interposto o recurso extraordinário, o tribunal de origem não está exercendo competência do STF, mas atribuição própria, de forma que a remessa dos autos individualmente ao STF apenas se justificará, nos termos da lei, na hipótese em que houver expressa negativa de retratação. 3. A maior ou menor aplicabilidade aos processos múltiplos do quanto assentado pela Suprema Corte ao julgar o mérito das matérias com repercussão geral dependerá da abrangência da questão constitucional decidida. 4. Agravo de instrumento que se converte em agravo regimental, a ser decidido pelo tribunal de origem.". (AI n. 760.358-QO/SE, Rel. Min. Gilmar Mendes, Plenário, DJe de 19.2.10).

Somente, portanto, em situações excepcionalíssimas, em que se tenha demonstrada a teratologia do acórdão do Tribunal de origem na aplicação da tese firmada em repercussão geral, é que haverá a possibilidade de submissão da questão a esta Corte.

No caso dos autos, depreende-se do acórdão proferido em apelação que os fundamentos adotados para provimento do recurso foram (i) a visibilidade da tatuagem e (ii) a conveniência e oportunidade da Administração Pública em matéria de critérios admissionais. Eis a ementa do julgado:

"RECURSOS OFICIAL E DE APELAÇÃO DIREITO MANDADO DE SEGURANÇA DIREITO ADMINISTRA-

TIVO CONCURSO PÚBLICO PARA O PROVIMENTO DO CARGO DE SOLDADO PM DE 2ª CLASSE CANDIDATO REPROVADO NA FASE DE EXAME MÉDICO TATUAGEM — POSSIBILIDADE. 1. A tatuagem está em desacordo com o disposto no Capítulo X, item 8, do respectivo Edital. 2. O laudo pericial atestou a visibilidade da tatuagem, quando da utilização do uniforme de treinamento. 3. Regularidade e legalidade do ato administrativo, que excluiu a parte impetrante do referido Concurso Público. 4. Vedação imposta ao Poder Judiciário, para o reexame da matéria relacionada com os critérios de conveniência e oportunidade da Administração Pública, exceto em casos de ilegalidade ou inconstitucionalidade. 5. Precedentes da jurisprudência deste E. Tribunal de Justiça e desta C. 5ª Câmara de Direito Público. 6. Ordem impetrada em mandado de segurança, concedida em Primeiro Grau. 7. Sentença, reformada. 8. Ordem, denegada. 9. Recursos oficial e de apelação, apresentado pela parte impetrada, providos.".

De outro lado, no corpo do voto proferido, é expressamente consignado que a tatuagem em questão seria "não atentatória à moral e bons costumes", não havendo no julgado qualquer menção aos critérios definidos por esta Corte nos autos do RE n. 898.450, assim ementado:

"EMENTA: RECURSO EXTRAORDINÁRIO. CONSTITUCIONAL E ADMINISTRATIVO. REPERCUSSÃO GERAL RECONHECIDA. TEMA 838 DO PLENÁRIO VIRTUAL. TATUAGEM. CONCURSO PÚBLICO. EDITAL. REQUISITOS PARA O DESEMPENHO DE UMA FUNÇÃO PÚBLICA. AUSÊNCIA DE PREVISÃO EM LEI FORMAL ESTADUAL. IMPOSSIBILIDADE. OFENSA AO ART. 37, I, DA CONSTITUIÇÃO DA REPÚBLICA. REAFIRMAÇÃO DA JURISPRUDÊNCIA PACÍFICA DA CORTE. IMPEDIMENTO DO PROVIMENTO DE CARGO, EMPREGO OU FUNÇÃO PÚBLICA DECORRENTE DA EXISTÊNCIA DE TATUAGEM NO CORPO DO CANDIDATO. REQUISITO OFENSIVO A DIREITOS

FUNDAMENTAIS DOS CIDADÃOS. VIOLAÇÃO AOS PRINCÍPIOS CONSTITUCIONAIS DA IGUALDADE, DA DIGNIDADE DA PESSOA HUMANA, DA LIBERDADE DE EXPRESSÃO, DA PROPORCIONALIDADE E DO LIVRE ACESSO AOS CARGOS PÚBLICOS. INCONSTITUCIONALIDADE DA EXIGÊNCIA ESTATAL DE QUE A TATUAGEM ESTEJA DENTRO DE DETERMINADO TAMANHO E PARÂMETROS ESTÉTICOS. INTERPRETAÇÃO DOS ARTS. 5º, I, E 37, I E II, DA CRFB/88. SITUAÇÕES EXCEPCIONAIS. RESTRIÇÃO. AS TATUAGENS QUE EXTERIORIZEM VALORES EXCESSIVAMENTE OFENSIVOS À DIGNIDADE DOS SERES HUMANOS, AO DESEMPENHO DA FUNÇÃO PÚBLICA PRETENDIDA, INCITAÇÃO À VIOLÊNCIA IMINENTE, AMEAÇAS REAIS OU REPRESENTEM OBSCENIDADES IMPEDEM O ACESSO A UMA FUNÇÃO PÚBLICA, SEM PREJUÍZO DO INAFASTÁVEL JUDICIAL REVIEW. CONSTITUCIONALIDADE. INCOMPATIBILIDADE COM OS VALORES ÉTICOS E SOCIAIS DA FUNÇÃO PÚBLIC A A SER DESEMPENHADA. DIREITO COMPARADO. IN CASU, A EXCLUSÃO DO CANDIDATO SE DEU, EXCLUSIVAMENTE, POR MOTIVOS ESTÉTICOS. CONFIRMAÇÃO DA RESTRIÇÃO PELO ACÓRDÃO RECORRIDO. CONTRARIEDADE ÀS TESES ORA DELIMITADAS. RECURSO EXTRAORDINÁRIO A QUE SE DÁ PROVIMENTO. 1. O princípio da legalidade norteia os requisitos dos editais de concurso público. 2. O art. 37, I, da Constituição da República, ao impor, expressamente, que "os cargos, empregos e funções públicas são acessíveis aos brasileiros que preencham os requisitos estabelecidos em lei", evidencia a frontal inconstitucionalidade de toda e qualquer restrição para o desempenho de uma função pública contida em editais, regulamentos e portarias que não tenham amparo legal. (Precedentes: RE n. 593198-AgR, Relator Min. Dias Toffoli, Primeira Turma, julgado em 06.08.2013, DJe 01.10.2013; ARE n. 715061-AgR, Relator Min. Celso de Mello, Segunda Turma, DJe 19.06.2013; RE n. 558833-AgR, Relatora Min. Ellen Gracie, Segunda Turma, DJe 25.09.2009; RE n. 398567-AgR, Relator Min. Eros Grau, Primeira Turma, DJ 24.03.2006; e MS n. 20.973, Relator Min.

Paulo Brossard, Plenário, julgado em 06.12.1989, DJ 24.04.1992). 3. O Legislador não pode escudar-se em uma pretensa discricionariedade para criar barreiras legais arbitrárias e desproporcionais para o acesso às funções públicas, de modo a ensejar a sensível diminuição do número de possíveis competidores e a impossibilidade de escolha, pela Administração, daqueles que são os melhores. 4. Os requisitos legalmente previstos para o desempenho de uma função pública devem ser compatíveis com a natureza e atribuições do cargo. (No mesmo sentido: ARE n. 678112-RG, Relator Min. Luiz Fux, julgado em 25.04.2013, DJe 17.05.2013). 5. A tatuagem, no curso da história da sociedade, se materializou de modo a alcançar os mais diversos e heterogêneos grupos, com as mais diversas idades, conjurando a pecha de ser identificada como marca de marginalidade, mas, antes, de obra artística. 6. As pigmentações de caráter permanente inseridas voluntariamente em partes dos corpos dos cidadãos configuram instrumentos de exteriorização da liberdade de manifestação do pensamento e de expressão, valores amplamente tutelados pelo ordenamento jurídico brasileiro (CRFB/88, art. 5º, IV e IX). 7. É direito fundamental do cidadão preservar sua imagem como reflexo de sua identidade, ressoando indevido o desestímulo estatal à inclusão de tatuagens no corpo. 8. O Estado não pode desempenhar o papel de adversário da liberdade de expressão, incumbindo-lhe, ao revés, assegurar que minorias possam se manifestar livremente. 9. O Estado de Direito republicano e democrático, impõe à Administração Pública que exerça sua discricionariedade entrincheirada não, apenas, pela sua avaliação unilateral a respeito da conveniência e oportunidade de um ato, mas, sobretudo, pelos direitos fundamentais em um ambiente de perene diálogo com a sociedade. 10. A democracia funda-se na presunção em favor da liberdade do cidadão, o que pode ser sintetizado pela expressão germânica "Freiheitsvermutung" (presunção de liberdade), teoria corroborada pela doutrina norte-americana do primado da liberdade (preferred freedom doctrine), razão pela qual ao Estado contemporâneo se impõe o estímulo ao livre intercâmbio de opiniões em um mercado de ideias (free marktplace of ideas a que se refere John Milton) indispensável para a formação da opinião pública. 11. Os princípios da liberdade e da igualdade, este último com esteio na doutrina da desigualdade justificada, fazem exsurgir o reconhecimento da ausência de qualquer justificativa para que a Administração Pública visualize, em pessoas que possuem tatuagens, marcas de marginalidade ou de inaptidão física ou mental para o exercício de determinado cargo público. 12. O Estado não pode considerar aprioristicamente como parâmetro discriminatório para o ingresso em uma carreira pública o fato de uma pessoa possuir tatuagens, visíveis ou não. 13. A sociedade democrática brasileira pós-88, plural e multicultural, não acolhe a idiossincrasia de que uma pessoa com tatuagens é desprovida de capacidade e idoneidade para o desempenho das atividades de um cargo público. 14. As restrições estatais para o exercício de funções públicas originadas do uso de tatuagens devem ser excepcionais, na medida em que implicam uma interferência incisiva do Poder Público em direitos fundamentais diretamente relacionados ao modo como o ser humano desenvolve a sua personalidade. 15. A cláusula editalícia que cria condição ou requisito capaz de restringir o acesso a cargo, emprego ou função pública por candidatos possuidores de tatuagens, pinturas ou marcas, quaisquer que sejam suas extensões e localizações, visíveis ou não, desde que não representem símbolos ou inscrições alusivas a ideologias que exteriorizem valores excessivamente ofensivos à dignidade dos seres humanos, ao desempenho da função pública pretendida, incitação à violência iminente, ameaças reais ou representem obscenidades, é inconstitucional. 16. A tatuagem considerada obscena deve submeter-se ao Miller-Test, que, por seu turno, reclama três requisitos que repugnam essa forma de pigmentação, a saber: (i) o homem médio, seguindo padrões contemporâneos da comunidade, considere que a obra, tida como um todo, atrai o interesse lascivo; (ii) quando a obra retrata ou descreve, de modo ofensivo, conduta sexual, nos termos do que definido na legislação estadual aplicável, (iii) quando a obra, como um todo, não possua um sério valor literário, artístico, político ou científico. 17. A tatuagem que incite a prática de uma violência iminente pode impedir o desempenho de uma função pública quando ostentar a aptidão de provocar uma reação violenta imediata naquele que a visualiza, nos termos do que predica a doutrina norte-americana das "fighting words", como, v. g., "morte aos delinquentes". 18. As teses objetivas fixadas em sede de repercussão geral são: (i) os requisitos do edital para o ingresso em cargo, emprego ou função pública devem ter por fundamento lei em sentido formal e material, (ii) editais de concurso público não podem estabelecer restrição a pessoas com tatuagem, salvo situações excepcionais em razão de conteúdo que viole valores constitucionais. 19. In casu, o acórdão recorrido extraordinariamente assentou que "a tatuagem do ora apelado não atende aos requisitos do edital. Muito embora não cubra todo o membro inferior direito, está longe de ser de pequenas dimensões. Ocupa quase a totalidade lateral da panturrilha e, além disso, ficará visível quando utilizados os uniformes referidos no item 5.4.8.3. É o quanto basta para se verificar que não ocorreu violação a direito líquido e certo, denegando-se a segurança". Verifica-se dos autos que a reprovação do candidato se deu, apenas, por motivos estéticos da tatuagem que o recorrente ostenta. 19.1. Consectariamente o acórdão recorrido colide com as duas teses firmadas nesta repercussão geral: (i) a manutenção de inconstitucional restrição elencada em edital de concurso público sem lei que a estabeleça; (ii) a confirmação de cláusula de edital que restringe a participação, em concurso público, do candidato, exclusivamente por ostentar tatuagem visível, sem qualquer simbologia que justificasse, nos termos assentados pela tese objetiva de repercussão geral, a restrição de participação no concurso público. 19.2. Os parâmetros adotados pelo edital impugnado, mercê de não possuírem fundamento de validade em lei, revelam-se preconceituosos, discriminatórios e são desprovidos de razoabilidade, o que afronta um dos objetivos fundamentais do País consagrado na Constituição da República, qual seja, o de "promover o bem de todos, sem preconceitos de origem, raça, sexo, cor, idade e quaisquer outras formas de discriminação" (art. 3º, IV). 20. Recurso Extraordinário a que se dá provimento.". (RE n. 898450/SP, Relator o Min. Luiz Fux, Tribunal Pleno, DJe-114 DIVULG 30.05.2017 PUBLIC 31.05.2017)

De igual modo, não há menção no acórdão de embargos aos critérios traçados por esta Corte no julgado apontado.

Por fim, resta configurado o perigo ao resultado útil do processo, uma vez que o afastamento do candidato do curso de formação implicaria em impossibilidade de retorno ao status quo ante, em caso de concessão final de seu pleito.

Pelo exposto, defiro o pedido de Justiça gratuita e concedo a tutela de urgência requerida para atribuir efeito suspensivo ativo ao recurso extraordinário interposto, até julgamento final do apelo extremo.

Publique-se. Intime-se.[7]

---

[7] Disponível em: <http://www.stf.jus.br/portal/processo/verProcessoAndamento.asp?incidente=5231245>. Acesso em: 18 dez. 2017.

4. TETO CONSTITUCIONAL. ACUMULAÇÃO. INCIDÊNCIA

O debate acerca do teto constitucional não é recente. Ao julgar os REs ns. 602.043-MT[1] e 612.975-MT[2], relatados pelo Min. Marco Aurélio, a Suprema Corte, em sua composição plenária, entendeu que não se caracteriza violação ao art. 37, XI, da Constituição o fato de o servidor exercer dois cargos públicos, autorizados pela Lei Fundamental, sendo-lhe garantido o direito de receber a remuneração acumulada, sem que seja violado o teto constitucional. É uma decisão altamente salutar porque se trata de uma acumulação legítima e respaldada no próprio Código Político Máximo do país.

A ementa do aresto é a seguinte:

> *TETO CONSTITUCIONAL — ACUMULAÇÃO DE CARGOS — ALCANCE. Nas situações jurídicas em que a Constituição Federal autoriza a acumulação de cargos, o teto remuneratório é considerado em relação à remuneração de cada um deles, e não ao somatório do que recebido.*[3]

O noticiário a respeito consigna:

> *Por decisão majoritária, o Plenário do Supremo Tribunal Federal (STF) negou provimento a dois Recursos Extraordinários*

---

[1] RE n. 602.043-MT, de 27.4.2017 (Estado de Mato Grosso *vs.* Luiz Gilson Formighieri. Assist.: União. Intdo.: Sindicato dos Medicos do Distrito Federal). Rel.: Min. Marco Aurélio.

[2] RE n. 612.975-MT (Associação dos Procuradores do Estado de São Paulo — APESP e outro (a/s) *vs.* Estado de Mato Grosso e Isaac Nepomuceno Filho. Intdos.: Estado de São Paulo, Estado de Alagoas, Estado do Amazonas, Estado da Bahia, Estado do Espirito Santo, Estado de Goias, Estado de Minas Gerais,: Estado do Pará, Estado do Piauí, Estado do Rio de Janeiro, Estado do Rio Grande do Sul, Estado de Rondônia, Estado de Santa Catarina, Estado de Sergipe, Distrito Federal, Sindicato dos Médicos do Distrito Federal — SINDMÉDICO — DF, Sindicato dos Médicos do Estado do Ceará — SIMEC, Federação Nacional dos Médicos — FENAM, União) Relator: Min. Marco Aurélio.

[3] Disponível em: <http://www.stf.jus.br/portal/processo/verProcessoAndamento.asp?incidente=3874667>. Acesso em: 19 dez. 2017.

(Res. ns. 602043 e 612975) em que o Estado do Mato Grosso questionava decisões do Tribunal de Justiça local (TJ-MT) contrárias à aplicação do teto na remuneração acumulada de dois cargos públicos exercidos pelo mesmo servidor. Os ministros entenderam que deve ser aplicado o teto remuneratório constitucional de forma isolada para cada cargo público acumulado, nas formas autorizadas pela Constituição. O tema debatido nos recursos teve repercussão geral reconhecida.

Tese de repercussão geral

O Plenário aprovou a seguinte tese para efeito de repercussão geral, sugerida pelo relator da matéria, ministro Marco Aurélio: "Nos casos autorizados, constitucionalmente, de acumulação de cargos, empregos e funções, a incidência do art. 37, inciso XI, da Constituição Federal, pressupõe consideração de cada um dos vínculos formalizados, afastada a observância do teto remuneratório quanto ao somatório dos ganhos do agente público".

Recursos

O RE n. 602043 diz respeito à aplicabilidade do teto remuneratório previsto no inciso XI do art. 37, da CF, com redação dada pela Emenda Constitucional (EC) n. 41/2003, à soma das remunerações provenientes da cumulação de dois cargos públicos privativos de médico. O caso teve origem em mandado de segurança impetrado por servidor público estadual que atuava como médico na Secretaria de Saúde e na Secretaria de Justiça e Segurança Pública. Ao julgar a ação, o TJ-MT assentou a ilegitimidade do ato do secretário de Administração do Estado que restringiu a remuneração acumulada dos dois cargos ao teto do subsídio do governador.

Por sua vez, o RE n. 612975 refere-se à aplicabilidade do teto remuneratório sobre parcelas de aposentadorias percebidas cumulativamente. Um tenente-coronel da reserva da PM e que também exercia o cargo de odontólogo, nível superior do SUS vinculado à Secretaria de Estado de Saúde, impetrou mandado de segurança no TJ-MT contra determinação do secretário de Administração de Mato Grosso no sentido da retenção de parte dos proventos, em razão da aplicação do teto remuneratório. Ao julgar a questão, o TJ-MT entendeu que o teto deve ser aplicado, isola-

damente, a cada uma das aposentadorias licitamente recebidas, e não ao somatório das remunerações. Assentou que, no caso da acumulação de cargos públicos do autor, a verba remuneratória percebida por cada cargo ocupado não ultrapassa o montante recebido pelo governador.

Julgamento

O julgamento teve início na sessão plenária de ontem (26) com os votos dos ministros Marco Aurélio (relator) e Alexandre de Moraes, que desproveram os recursos, e o voto divergente do ministro Edson Fachin, pelo provimento dos REs. A análise da questão foi concluída na sessão desta quinta-feira (27), quando a maioria dos ministros seguiu o voto do relator, pelo desprovimento dos recursos. Para eles, o teto constitucional deve ser considerado em relação a cada uma das remunerações isoladamente, e não quanto à soma delas.

O relator considerou inconstitucional a interpretação segundo a qual o texto da EC n. 41/2003 abrange também situações jurídicas em que a acumulação é legítima, porque prevista na própria Constituição Federal. Para o ministro, pensar o contrário seria o mesmo que "o Estado dar com uma das mãos e retirar com a outra".

De acordo com o relator, o entendimento da Corte sobre a matéria "não derruba o teto". Ele considerou que o teto remuneratório continua a proteger a Administração Pública, "só que tomado de uma forma sistemática e, portanto, não incompatível com um ditame constitucional que viabiliza a cumulação de cargos".

Entre os argumentos levantados, os ministros consideraram que a hipótese apresentaria violação à irredutibilidade de vencimentos, desrespeito ao princípio da estabilidade, desvalorização do valor do trabalho e ferimento ao princípio da igualdade. Acompanharam esse entendimento os ministros Alexandre de Moraes, Luís Roberto Barroso, Rosa Weber, Luiz Fux, Dias Toffoli, Ricardo Lewandowski, Gilmar Mendes, Celso de Mello e a presidente do STF, ministra Cármen Lúcia.

Divergência

O ministro Edson Fachin abriu a divergência ao votar pelo provimento dos recursos. Para ele, "a garantia da irredutibilidade só se aplicaria se o padrão remuneratório nominal tiver sido, então, obtido de acordo com o direito e compreendido dentro do limite máximo fixado pela Constituição". Com base no art. 17 do ADCT, o ministro entendeu que os valores que ultrapassam o teto remuneratório devem ser ajustados sem que o servidor possa alegar direito adquirido. Assim, considerou que o teto remuneratório é aplicável ao conjunto das remunerações recebidas de forma cumulativa.[4]

---

[4] Disponível em: http://www.stf.jus.br/portal/cms/verNoticiaDetalhe.asp?idConteudo =341877. Acesso em: 8.5.2017.

PARTE V
PREVIDÊNCIA SOCIAL

1. CONTRIBUIÇÃO PREVIDENCIÁRIA[1]. RECOLHIMENTO

A contribuição previdenciária incide sobre todos os ganhos habitualmente recebidos pelo empregado. Nesse sentido decidiu o Plenário do STF, julgando o RE n. 565.169-SC[2], em 29.2.2017, sob a relatoria do Min. Marco Aurélio.

Assim, ao fixar tese de repercussão geral, o Excelso Pretório entendeu que a incidência dessa contribuição é sobre a totalidade da remuneração do trabalhador, a qualquer título, interpretando os arts. 195 a 201 da Constituição e o art. 22, I, da Lei n. 8.212/91.

O noticiário a respeito, bastante esclarecedor, é o seguinte:

> "A contribuição social a cargo do empregador incide sobre ganhos habituais do empregado, quer anteriores ou posteriores à Emenda Constitucional n. 20/1998." Essa tese de repercussão geral foi fixada pelo Plenário do Supremo Tribunal Federal (STF) no julgamento do Recurso Extraordinário (RE) n. 565160, desprovido pelos ministros, por unanimidade dos votos. A matéria constitucional, com repercussão geral reconhecida, envolve quase 7.500 processos semelhantes que atualmente estão sobrestados nas demais instâncias.
>
> No recurso, a Empresa Nossa Senhora da Glória Ltda. pedia que fosse declarada a inexistência de relação tributária entre ela e o Instituto Nacional do Seguro Social (INSS) com o objetivo de não ser obrigada a recolher a contribuição previdenciária incidente sobre o total de remunerações pagas ou creditadas a qualquer título

---

[1] V., sobre contribuição previdenciária, nesta coletânea, v. 4, p. 73, v. 21, p. 81, v. 14, p. 114, v. 15, p. 86, 88 e 89, v. 16, p. 110, e v. 19, p. 167 e 169.
[2] RE n. 565.160-SC, de 29.3.2017. (Empresa Nossa Senhora da Glória Ltda vs. Instituto Nacional do Seguro Social — INSS). Rel.: Min. Marco Aurélio.

aos segurados empregados — conforme art. 22, inciso I, da Lei n. 8.212/1991, com alterações impostas pela Lei n. 9.876/1999 —, mas somente sobre a folha de salários.

A empresa pretendia que a contribuição previdenciária não incidisse sobre as seguintes verbas: adicionais (de periculosidade e insalubridade), gorjetas, prêmios, adicionais noturnos, ajudas de custo e diárias de viagem (quando excederem 50% do salário recebido), comissões e quaisquer outras parcelas pagas habitualmente, ainda que em unidades, previstas em acordo ou convenção coletiva ou mesmo que concedidas por liberalidade do empregador não integrantes na definição de salário, até a edição de norma válida e constitucional para a instituição da mencionada exação.

O pedido englobou, ainda, o reconhecimento de crédito nas importâncias recolhidas a título de contribuição previdenciária a partir de abril de 1995 (competência março), garantindo o direito de compensação dos valores pagos indevidamente com parcelas da mesma natureza [contribuição] ou, na sua impossibilidade, de restituição a ser apurada em liquidação de sentença, com aplicação da variação da Ufir até o mês de dezembro de 1995 e da taxa Selic a partir de janeiro de 1996.

Dessa forma, com base nos arts. 146; 149; 154, inciso I; 195, inciso I e § 4º, da Constituição Federal, o recurso extraordinário discutia o alcance da expressão "folha de salários", contida no art. 195, inciso I, da CF, além da constitucionalidade ou não do art. 22, inciso I, da Lei n. 8.212/1991, com a redação dada pela Lei n. 9.876/1999, que instituiu contribuição social sobre o total das remunerações pagas, devidas ou creditadas a qualquer título aos empregados.

Desprovimento

O relator, ministro Marco Aurélio, votou pelo desprovimento do recurso. De acordo com ele, os ganhos habituais do empregado são incorporados ao salário para efeito de contribuição previdenciária. De início, o relator afirmou que o art. 195 da CF foi alterado pela EC n. 20/1998, que passou a prever que "a contribuição incide sobre a folha de salários e demais rendimentos do trabalho pagos ou creditados a qualquer título à pessoa física que lhe preste serviço, mesmo sem vínculo empregatício". No entanto, observou que a parte final não tem pertinência com a hipótese já que o pedido refere-se a valores pagos aos segurados empregados.

O ministro salientou que antes da EC n. 20/1998, o art. 201 [então § 4º e, posteriormente, § 11] passou a sinalizar que os ganhos habituais do empregado a qualquer título serão incorporados ao salário para efeito de contribuição previdenciária e consequente repercussão em benefícios, nos casos e na forma da lei. "Nem se diga que esse dispositivo estaria ligado apenas à contribuição do empregado, porquanto não tem qualquer cláusula que assim o restrinja", ressaltou.

Para o ministro Marco Aurélio, deve ser aplicada a interpretação sistemática dos diversos preceitos da CF sobre o tema. Segundo ele, "se de um lado o art. 155, inciso I, disciplinava, antes da EC n. 20/1998, o cálculo da contribuição devida pelos empregados a partir da folha de salários, esses últimos vieram a ser revelados quanto ao alcance, o que se entende como salários, pelo citado § 4º [posteriormente, 11], do art. 201".

"Remeteu-se a remuneração percebida pelo empregado, ou seja, as parcelas diversas satisfeitas pelo tomador de serviços, exigindo-se apenas a habitualidade", concluiu. Assim, ele considerou inadequado distinguir o período coberto pela cobrança, se anterior ou posterior à EC n. 20/1998. O ministro observou que no próprio recurso menciona-se o pagamento habitual das parcelas citadas, "buscando-se afastar, mesmo diante do art. 201, a incidência da contribuição". Por essas razões, o ministro Marco Aurélio votou pelo desprovimento do RE, tendo sido acompanhado por unanimidade do Plenário do STF.

Tese

A tese firmada para fins de repercussão geral neste julgamento foi: "A contribuição social, a cargo do empregador, incide sobre ganhos habituais do empregado, quer anteriores ou posteriores à Emenda Constitucional n. 20 de 1998." [3]

---

[3] Disponível em: <http://www.stf.jus.br/portal/cms/verNoticiaDetalhe.asp?idConteudo=339440>. Acesso em: 8 maio 2017.

O acórdão está assim ementado:

> CONTRIBUIÇÃO — SEGURIDADE SOCIAL — EMPREGADOR. A contribuição social a cargo do empregador incide sobre ganhos habituais do empregado, a qualquer título, quer anteriores, quer posteriores à Emenda Constitucional n. 20/1998 — inteligência dos arts. 195, inciso I, e 201, § 11, da Constituição Federal.[4]

---

[4] Disponível em: <http://www.stf.jus.br/portal/processo/verProcessoAndamento.asp?incidente=11903>. Acesso em: 20 dez. 2017.

2. ESTRANGEIRO. BENEFÍCIO ASSISTENCIAL

São graves os problemas migratórios enfrentados em todo o planeta, fruto de uma mobilidade humana grandiosa, provocada não só por razões políticas ou ideológicas, ou decorrentes de guerras e conflitos de toda natureza, ou por motivações climáticas. Enfim, as causas são variadas e as consequências são graves, seja pela xenofobia que aflora nos nacionais, seja pelas dificuldades de adaptação a uma nova realidade, onde existe, destacamente, um terrível conflito sociocultural entre as pessoas. Parte desses problemas comentamos em nosso *Curso de Direito do Trabalho*[1].

Ao julgar o RE n. 587.970-SP[2], o STF enfrentou esse problema sob outro prisma. O INSS não aceitou decisão da Justiça Federal de São Paulo que determinou a concessão de benefício assistencial a um cidadão italiano, no valor de um salário mínimo, conforme o art. 203, V, da Constituição. O relator, Min. Marco Aurélio, entendeu que os estrangeiros possuem direito à assistência social.

O aresto está assim ementado:

> *ASSISTÊNCIA SOCIAL — ESTRANGEIROS RESIDENTES NO PAÍS — art. 203, INCISO V, DA CONSTITUIÇÃO FEDERAL — ALCANCE. A assistência social prevista no art. 203, inciso V, da Constituição Federal beneficia brasileiros natos, naturalizados e estrangeiros residentes no País, atendidos os requisitos constitucionais e legais.*[3]

---

[1] V. nosso *Curso de direito do trabalho*. 3. ed. São Paulo: LTr, 2017. p. 401-408.

[2] RE n. 587.970-SP, de 20.4.2017 (Instituto Nacional do Seguro Social — INSS vs. Felícia Mazzitello Albanese. Intdo.(a/s): União, Instituto Brasileiro de Direito Previdenciário — IBDP, Cáritas Arquidiocesana de São Paulo (CASP), Centro de Apoio e Pastoral do Migrante — CAMI, Instituto de Migrações e Direitos Humanos — IMDH). Rel.: Min. Marco Aurélio.

[3] Disponível em: <http://www.stf.jus.br/portal/processo/verProcessoAndamento.asp?incidente=2621386>. Acesso em: 19 dez. 2017.

O noticiário acerca desse assunto é o seguinte:

O Supremo Tribunal Federal (STF) começou a julgar nesta quarta-feira (19) o Recurso Extraordinário (RE) n. 587970, com repercussão geral reconhecida, no qual se discute a possibilidade de concessão do Benefício de Prestação Continuada (BPC) a estrangeiro residente no Brasil. O RE foi interposto pelo Instituto Nacional do Seguro Social (INSS) contra decisão da Primeira Turma Recursal do Juizado Especial Federal da 3ª Região que condenou a autarquia federal a conceder a uma estrangeira de origem italiana o benefício assistencial previsto no art. 203, inciso V, da Constituição Federal, no valor de um salário mínimo.

Na sessão de hoje, o relator do processo, ministro Marco Aurélio, apresentou seu relatório sobre o caso e, em seguida, foram realizadas as sustentações orais. O julgamento será retomado na sessão desta quinta-feira (20).

Da tribuna, o procurador federal Cláudio Peret, que representa o INSS, sustentou que não há previsão normativa para a concessão do benefício, e apontou a necessidade de tratado de reciprocidade com o país de origem a fim de dar sustentação à política e o impacto da medida sobre os fluxos migratórios para o país. A estimativa de impacto, segundo dados atuais apresentados pelo procurador, seria de R$ 160 milhões anuais.

Falaram em nome dos amici curie *admitidos na causa o representante do Instituto Brasileiro de Direito Previdenciário (IBDP), Alexandre Schumacher Triches, e o defensor público-geral federal, Carlos Eduardo Barbosa Paz, representando as entidades Cáritas Arquidiocesana de São Paulo (Casp), Centro de Apoio e Pastoral do Migrante (Cami) e Instituto de Migrações e Direitos Humanos (IMDH). Segundo a argumentação da Defensoria, a exigência da reciprocidade tornaria inexequível a concessão do benefício, e apresentou dados revelando a pequena proporção de pedidos do benefício por estrangeiros — apenas 0,6% das solicitações feitas à Defensoria da União no Distrito Federal. O advogado do IBDP também defendeu que a legislação sobre o benefício também se estende ao estrangeiro.*

> *O procurador-geral da República, Rodrigo Janot, manifestou-se pelo desprovimento do recurso, sustentando que o conceito de estrangeiro residente no país, previsto no art. 5º da Constituição Federal, deve ser compreendido a partir de uma análise sistemática que leve em consideração sobretudo a dignidade da pessoa humana, prevista como fundamento da República, e o fato de a legislação brasileira não permitir interpretação restritiva de que somente ao nacional possa ser concedido o benefício.[4]*

---

[4] Disponível em: <http://www.stf.jus.br/portal/cms/verNoticiaDetalhe.asp?idConteudo=341169>. Acesso em: 8 maio 2017.

3. FUNRURAL. CONTRIBUIÇÃO DO EMPREGADOR RURAL

O Pleno do STF, apreciando o RE n. 718.874-RS[1], sendo redator do acórdão o Min. Alexandre de Moraes, decidiu, em 30.3.2017, que é constitucional a cobrança de contribuição do empregador rural pessoa física ao FUNRURAL. Ficou esclarecido que a Lei n. 10.256/2001 é posterior à Emenda Constitucional n. 20/1998 e bastante para alterar o *caput* do art. 25 da Lei n. 8.212/91 e reestabelecer a cobrança do FUNRURAL.

A decisão, majoritária e com repercussão geral, apresenta a seguinte ementa:

> *TRIBUTÁRIO. EC N. 20/98. NOVA REDAÇÃO AO ART. 195, I DA CF. POSSIBILIDADE DE EDIÇÃO DE LEI ORDINÁRIA PARA INSTITUIÇÃO DE CONTRIBUIÇÃO DE EMPREGADORES RURAIS PESSOAS FÍSICAS INCIDENTE SOBRE A COMERCIALIZAÇÃO DA PRODUÇÃO RURAL. CONSTITUCIONALIDADE DA LEI N. 10.256/2001.*
>
> *1. A declaração incidental de inconstitucionalidade no julgamento do RE n. 596.177 aplica-se, por força do regime de repercussão geral, a todos os casos idênticos para aquela determinada situação, não retirando do ordenamento jurídico, entretanto, o texto legal do art. 25, que, manteve vigência e eficácia para as demais hipóteses.*

---

[1] RE n. 718.874-RS de 30.3.2017 (União *vs.* Jose Carlos Staniszewski. *Am. Curiae*: Associação Industrial do Piauí — AIP, APASSUL — Associação dos Produtores e Comerciantes de Sementes e Mudas do Rio Grande do Sul, ANDATERRA — Associação Nacional de Defesa dos Agricultores Pecuaristas e Produtores da Terra, ABIEC — Associação Brasileira das Indústrias Exportadoras de Carnes, Sociedade Rural Brasileira, Associação Brasileira de Frigoríficos — ABRAFRIGO, Associação Brasileira da Indústria do Arroz — ABIARROZ, Associação Brasileira dos Criadores de Zebu, Serviço Nacional de Aprendizagem Rural — Administração Regional do Paraná/SENARPR). Red. do Acórdão: Min. Alexandre de Moraes.

2. A Lei n. 10.256, de 9 de julho de 2001 alterou o art. 25 da Lei n. 8.212/91, reintroduziu o empregador rural como sujeito passivo da contribuição, com a alíquota de 2% da receita bruta proveniente da comercialização da sua produção; espécie da base de cálculo receita, autorizada pelo novo texto da EC n. 20/98.

3. Recurso extraordinário provido, com afirmação de tese segundo a qual É constitucional formal e materialmente a contribuição social do empregador rural pessoa física, instituída pela Lei n. 10.256/01, incidente sobre a receita bruta obtida com a comercialização de sua produção.[2]

---

[2] Disponível em: <http://www.stf.jus.br/portal/jurisprudencia/listarJurisprudencia.asp?s1=%28RE%24%2ESCLA%2E+E+718874%2ENUME%2E%29+OU+%28RE%2EACMS%2E+ADJ2+718874%2EACMS%2E%29&base=baseAcordaos&url=http://tinyurl.com/b5l7c4b>. Acesso em: 12 jan. 2018.

4. PROFESSOR[1]. APOSENTADORIA ESPECIAL[2]

Certamente uma das mais importantes atividades humanas, o magistério é, na maior parte das vezes, relegado a plano inferior e o professor é esquecido, sobretudo quando, pela desgaste físico, é obrigado a abandonar sua missão. Aposentando-se, não lembram mais os ex-alunos de quem lhes ensinou os primeiros e fundamentais passos na sua formação intelectual. Tem o professor no Brasil direito à aposentadoria especial, na forma do art. 40, § 5º, da Constituição. O problema, porém, residia em saber qual o alcance do exercício efetivo de funções de magistério na educação infantil e no ensino fundamental e médio, no sentido de identificar se seria apenas o desempenho em sala de aula ou abrangeria os períodos despendidos no exercício de atividades de direção de unidade escolar e de coordenação e assessoramento pedagógico.

Ao julgar o RE n. 1.039.644-SC[3], em 27.9.2017, a Suprema Corte, de modo justíssimo, reconheceu, com repercussão geral, o sentido ampla de exercício efetivo de funções de magistério nesses níveis de ensino, incluindo as atividades fora de sala de aula. O relator do aresto é o Min. Alexandre de Moraes e a decisão está assim ementada:

> CONSTITUCIONAL E ADMINISTRATIVO. RECURSO EXTRAORDINÁRIO. APOSENTADORIA ESPECIAL DOS PROFESSORES (CONSTITUIÇÃO, ART. 40, § 5º). CONTAGEM DE TEMPO EXERCIDO DENTRO DA ESCOLA, MAS FORA DA SALA DE AULA.

---

[1] Sobre professor, v., nesta coletânea, v. 12, p. 21, v. 15, p. 35 e 96, e v. 19, p. 123.
[2] Sobre aposentadoria especial, v., nesta coletânea, v. 19, p. 153.
[3] RG no RE n. 1.039.644-SC, de 27.9.2017 (Magali Rute dos Santos vs. Estado de Santa Catarina e Instituto de Previdência do Estado de Santa Catarina — IPREV) Rel.: Min. Alexandre de Moraes.

1. Revela especial relevância, na forma do art. 102, § 3º, da Constituição, a questão acerca do cômputo do tempo de serviço prestado por professor na escola em funções diversas da docência para fins de concessão da aposentadoria especial prevista no art. 40, § 5º, da Constituição.

2. Reafirma-se a jurisprudência dominante desta Corte nos termos da seguinte tese de repercussão geral: Para a concessão da aposentadoria especial de que trata o art. 40, § 5º, da Constituição, conta-se o tempo de efetivo exercício, pelo professor, da docência e das atividades de direção de unidade escolar e de coordenação e assessoramento pedagógico, desde que em estabelecimentos de educação infantil ou de ensino fundamental e médio.

3. Repercussão geral da matéria reconhecida, nos termos do art. 1.035 do CPC. Jurisprudência do Supremo Tribunal Federal reafirmada, nos termos do art. 323-A do Regimento Interno.[4]

---

[4] Disponível em: http://www.stf.jus.br/portal/processo/verProcessoAndamento.asp?incidente=5166891. Acesso em: 12.1.2018.

PARTE VI
OUTROS TEMAS

1. SÚMULAS VINCULANTES DO STF SOBRE MATÉRIA TRABALHISTA

Até final de 2017, haviam sido aprovadas pelo Excelso Pretório 56 Súmulas Vinculantes e as que tratam de matéria trabalhista estão abaixo transcritas, com a indicação da fonte de publicação, da legislação pertinente e dos respectivos precedentes.

Súmula Vinculante n. 4
Salvo nos casos previstos na Constituição, o salário mínimo não pode ser usado como indexador de base de cálculo de vantagem de servidor público ou de empregado, nem ser substituído por decisão judicial.

Fonte de Publicação
DJe n. 83/2008, p. 1, em 9.5.2008; DOU de 9.5.2008, p. 1.

Legislação
Constituição de 1988, art. 7º, IV e XXIII; art. 39, §§ 1º e 3º; art. 42, § 1º; art. 142, § 3º, X.

Precedentes
RE n. 236396, RE n. 208684, RE n. 217700, RE n. 221234, RE n. 338760, RE n. 439035, RE n. 565714.

Súmula Vinculante n. 6
Não viola a Constituição o estabelecimento de remuneração inferior ao salário mínimo para as praças prestadoras de serviço militar inicial.

Fonte de Publicação
DJe n. 88/2008, p. 1, em 16.5.2008; DOU de 16.5.2008, p. 1.

Legislação
Constituição de 1988, art. 1º, III; art. 5º, *caput*; art. 7º, IV; art. 142, § 3º, VIII, (redação dada pela Emenda Constitucional n. 18/1998); art. 143, *caput*, §§ 1º e 2º. Medida Provisória n. 2215/2001, art. 18, § 2º.

Precedentes
RE n. 570177; RE n. 551453; RE n. 551608; RE n. 558279; RE n. 557717; RE n. 557606; RE n. 556233; RE n. 556235; RE n. 555897; RE n. 551713; RE n. 551778; RE n. 557542.

Súmula Vinculante n. 10
Viola a cláusula de reserva de plenário (CF, art. 97) a decisão de órgão fracionário de tribunal que, embora não declare expressamente a inconstitucionalidade de lei ou ato normativo do poder público, afasta sua incidência, no todo ou em parte.

Fonte de Publicação
DJe n. 117/2008, p. 1, em 27.6.2008; DOU de 27.6.2008, p. 1.

Legislação
Constituição de 1988, art. 97.

Precedentes
RE n. 482090; RE n. 240096; RE n. 544246; RE n. 319181; AI n. 472897-AgR.

Súmula Vinculante n. 13
A nomeação de cônjuge, companheiro ou parente em linha reta, colateral ou por afinidade, até o terceiro grau, inclusive, da autoridade nomeante ou de servidor da mesma pessoa jurídica investido em cargo de direção, chefia ou assessoramento, para o exercício de cargo em comissão ou de confiança ou, ainda, de função gratificada na administração pública direta e indireta em qualquer dos Poderes da União, dos Estados, do Distrito Federal e dos Municípios, compreendido o ajuste mediante designações recíprocas, viola a Constituição Federal.

Fonte de Publicação
DJe n. 162/2008, p. 1, em 29.8.2008; DOU de 29.8.2008, p. 1.

Legislação
Constituição de 1988, art. 37, *caput*.

Precedentes
ADI n. 1521-MC; MS n. 23780; ADC n. 12-MC; ADC n. 12; RE n. 579951.

Súmula Vinculante n. 15

O cálculo de gratificações e outras vantagens do servidor público não incide sobre o abono utilizado para se atingir o salário mínimo.

Fonte de Publicação
DJe n. 121/2009, p. 1, em 1.7.2009; DOU de 1º.7.2009, p. 1.

Legislação
Constituição de 1988, art. 7º, IV.

Precedentes
RE n. 439360-AgR; RE n. 518760-AgR; RE n. 548983-AgR; RE n. 512845-AgR; RE n. 490879-AgR; RE n. 474381-AgR; RE n. 436368-AgR; RE n. 572921-RG-QO.

Súmula Vinculante n. 16

Os arts. 7º, IV, e 39, § 3º (redação da EC n. 19/98), da Constituição, referem-se ao total da remuneração percebida pelo servidor público.

Fonte de Publicação
DJe n. 121/2009, p. 1, em 1º.7.2009; DOU de 1º.7.2009, p. 1.

Legislação
Constituição de 1988, art. 7º, IV; art. 39, § 2º (redação anterior à Emenda Constitucional n. 19/1998); art. 39, § 3º (redação dada pela Emenda Constitucional n. 19/1998); Emenda Constitucional n. 19/1998.

Precedentes
RE n. 199098; RE n. 197072; RE n. 265129; AI n. 492967-AgR; AI n. 601522-AgR; RE n. 582019-RG-QO.

Súmula Vinculante n. 17

Durante o período previsto no § 1º do art. 100 da Constituição, não incidem juros de mora sobre os precatórios que nele sejam pagos.

Fonte de Publicação
DJe n. 210 de 10.11.2009, p. 1; DOU de 10.11.2009, p. 1.

Legislação
Constituição de 1988, art. 100, § 1º (redação dada pela Emenda Constitucional n. 30/2000) e § 5º (redação dada pela Emenda Constitucional n. 62/2009).

Precedentes
RE n. 591085-RG-QO; RE n. 298616; RE n. 305186; RE n. 372190-AgR; RE n. 393737-AgR; RE n. 589345; RE n. 571222-AgR; RE n. 583871.

Súmula Vinculante n. 22
A Justiça do Trabalho é competente para processar e julgar as ações de indenização por danos morais e patrimoniais decorrentes de acidente de trabalho propostas por empregado contra empregador, inclusive aquelas que ainda não possuíam sentença de mérito em primeiro grau quando da promulgação da Emenda Constitucional n. 45/04.

Fonte de Publicação
DJe n. 232/2009, p. 1, em 11.12.2009; DOU de 11.12.2009, p. 1.

Legislação
Constituição de 1988, art. 7º, XXVIII; art. 109, I; art. 114.

Precedentes
CC n. 7204; AI n. 529763-AgR-ED; AI n. 540190-AgR; AC n. 822-MC.

Súmula Vinculante n. 23
A Justiça do Trabalho é competente para processar e julgar ação possessória ajuizada em decorrência do exercício do direito de greve pelos trabalhadores da iniciativa privada.

Fonte de Publicação
DJe n. 232/2009, p. 1, em 11.12.2009; DOU de 11.12.2009, p. 1.

Legislação
Constituição de 1988, art. 114, II.

Precedentes
RE n. 579648; CJ n. 6959; RE n. 238737; AI n. 611670; AI n. 598457; RE n. 555075; RE n. 576803.

Súmula Vinculante n. 25
É ilícita a prisão civil de depositário infiel, qualquer que seja a modalidade do depósito.

Fonte de Publicação
DJe n. 238 de 23.12.2009, p. 1; DOU de 23.12.2009, p. 1.

Legislação
Constituição de 1988, art. 5º, LXVII e § 2º; Convenção Americana sobre Direitos Humanos (Pacto de S. José da Costa Rica), art. 7º, § 7º; Pacto Internacional sobre Direitos Civis e Políticos, art. 11.

Precedentes
RE n. 562.051; RE n. 349.703; RE n. 466.343; HC n. 87.585; HC n. 95.967; HC n. 91.950; HC n. 93.435; HC n. 96.687-MC; HC n. 96.582; HC n. 90.172; HC n. 95.170-MC.

Súmula Vinculante n. 37
Não cabe ao Poder Judiciário, que não tem função legislativa, aumentar vencimentos de servidores públicos sob o fundamento de isonomia.

Fonte de Publicação
DJe n. 210 de 24.10.2014, p. 2; DOU de 24.10.2014, p. 1.

Legislação
Constituição de 1988, art. 2º; art. 5º, "*caput*" e II; e art. 37, X; Súmula n. 339 do STF.

Precedentes
RE n. 592317; RE n. 173252; RMS n. 21662; RE n. 711344-AgR; RE n. 223452-AgR; RE n. 637136-AgR; ARE n. 762806-AgR; RE n. 402467-AgR.

Súmula Vinculante n. 40
A contribuição confederativa de que trata o art. 8º, IV, da Constituição Federal, só é exigível dos filiados ao sindicato respectivo.

Fonte de Publicação
DJe n. 55 de 20.3.2015, p. 1; DOU de 20.3.2015, p. 1.

Legislação
Constituição de 1988, art. 8, IV; Súmula 666 do STF.

Precedentes
RE n. 495248-AgR; AI n. 731640-AgR; AI n. 706379-AgR; AI n. 654603-AgR; RE n. 176533-AgR; AI n. 672633-AgR; AI n. 657925-AgR; AI n. 612502-AgR; AI n. 609978-AgR; RE n. 461451-AgR; AI n. 476877-

AgR; AI n. 499046-AgR; RE n. 224885-AgR; RE n. 175438-AgR; RE n.302513-AgR; AI n.351764-AgR; AI n.339060-AgR; AI n.313887-AgR; RE n. 193174; RE n. 195885; RE n. 196110; RE n. 222331; RE n. 171905-AgR; RE n. 173869; RE n. 198092.

Súmula Vinculante n. 53
A competência da Justiça do Trabalho prevista no art. 114, VIII, da Constituição Federal alcança a execução de ofício das contribuições previdenciárias relativas ao objeto da condenação constante das sentenças que proferir e acordos por ela homologados.

Fonte de Publicação
DJe n. 121 de 23.6.2015, p. 2; DOU de 23.6.2015, p. 2.

Referência Legislativa
Constituição de 1988, art. 114, VIII.

Precedente
RE n. 569056.

Súmula Vinculante n. 55
O direito ao auxílio-alimentação não se estende aos servidores inativos.

Fonte de Publicação
DJe n. 54 de 28.3.2016, p. 1; DOU de 28.3.2016, p. 134.

Referência Legislativa
Constituição de 1988, art. 40, § 4º.

Precedentes
ARE n. 757614; RE n. 633746; ARE n. 762911; AI n. 747734; AI n. 738881; RE n. 563271; RE n. 332445; RE n. 318684; RE n. 301347; RE n. 263204-AgR; RE n. 231326; RE n. 229652; RE n. 231216; RE n. 236199; RE n. 227331; RE n. 236449; RE n. 228083; RE n. 231389; RE n. 220713; RE n. 220048.

ÍNDICES

ÍNDICE GERAL

INTRODUÇÃO	17
PARTE I — DIREITOS INDIVIDUAIS	19
1. Acidente do trabalho. Responsabilidade do empregador	21
2. Grupo econômico	23
3. Horas *in itinere*. Deslocamento dentro da empresa	25
4. Meio ambiente do trabalho. Uso de Amianto. Proibição	28
5. Plano de carreira. Incorporação salarial. Ineficácia	33
6. Radialista	35
7. Terceirização...	44
7.1. Atividade inerente. Impossibilidade de exame pelo STF	44
7.2. Inconstitucionalidade. Lei n. 13.429/2017	46
7.3. Responsabilidade de ente público. Repercussão geral	48
8. Trabalho intermitente	52
PARTE II — DIREITOS COLETIVOS..	55
1. Receita sindical...	57
1.1. Contribuição assistencial. Não sindicalizados..............	57
1.2. Contribuição confederativa. Não sindicalizados	58
1.3. Contribuição sindical	60
1.4. Contribuição sindical rural. Constitucionalidade...........	62
2. Greve	64
2.1. Guarda municipal. Justiça do Trabalho. Incompetência	64
2.2. Interdito proibitório	66
2.3. Policial civil	67
3. Ultratividade. Suspensão	72
PARTE III — DIREITO PROCESSUAL	75
1. ADI. Ausência de legitimidade. Representação parcial da categoria	77
2. Competência...	79
2.1. Justiça Federal. Complementação de aposentadoria ..	79
2.1. Justiça Federal. Licença-prêmio. Magistrado...............	82

3. Conselhos profissionais. Precatórios 84
4. Débito trabalhista. Atualização. Índice aplicável. IPCA-E..... 85
5. FGTS. Prescrição 87
6. Gratuidade da justiça 88
7. Organismo internacional. Imunidade de jurisdição 91

PARTE IV — SERVIÇO PÚBLICO.. 95
1. Advocacia 97
   1.1. Advogado público. Inscrição na OAB 97
   1.2. Servidor público, exercício da advocacia. 99
2. Magistrado 101
   2.1. Abono de permanência. Manutenção 101
   2.2. Afastamento remunerado. Presidência de entidade
        internacional. *Habeas corpus* 103
   2.3. Licença-prêmio. Repercussão geral 116
3. Concurso Público 118
   3.1. Candidato com visão monocular. Deficiência. Inscrição 118
   3.2. Tatuagem. Reintegração de candidato 120
4. Teto constitucional. Acumulação. Incidência 129

PARTE V — PREVIDÊNCIA SOCIAL 133
1. Contribuição Previdenciária. Recolhimento 135
2. Estrangeiro. Benefício assistencial 139
3. FUNRURAL. Contribuição do empregador rural 142
4. Professor. Aposentadoria especial 144

PARTE VI — OUTROS TEMAS 147
1. Súmulas Vinculantes do STF sobre matéria trabalhista 149

ÍNDICES 155
Índice geral 157
Índice dos julgados publicados na coletânea 159
Índice dos Ministros do STF prolatores dos julgados citados 183
Índice temático 187

ÍNDICE DOS JULGADOS PUBLICADOS NA COLETÂNEA

VOLUMES 1 A 21

N. do Julgado	Volume	Página
AC 340-7-RJ	8	54
AC 3.433-PR	17	58
AC 9.690-SP	1	41
AC 9.696-3-SP	1	40
ACO 533-9-PI	2	23
ACO 709-SP	17	113
ACO 1.437-DF	17	129
ACO (AGRG) 524-0-SP	7	68
ADC 34-DF	18	95
ADC 36-DF	19	38
ADC 39-DF	19	46
ADIn 100-1-MG	8	88
ADIn 254-6-GO	7	48
ADIn 271-6-DF	5	35
ADIn 306-2-DF	4	85
ADIn 510-AM	18	88
ADIn 554-5-MG	1/10	102/59
ADIn 609-6-DF	6	197
ADIn 639-8-DF	9	17
ADIn 953-2-DF	7	176
ADIn 990-7-MG	7	45
ADIn 1.040-9-DF	6	170
ADIn 1.074-3-DF	11	123
ADIn 1.105-7-DF	10/14	141/75
ADIn 1.127-8-DF	10	141
ADIn 1.194-4-DF	9/13	154/98
ADIn 1.377-7-DF	10	139
ADIn 1.404-8-SC	4	167

N. do Julgado	Volume	Página
ADIn 1.439-1-DF	7	19
ADIn 1.458-7-DF	1	19
ADIn 1.480-3-DF	2/5	59/15
ADIn 1.484-6-DF	5	170
ADIn 1.625-DF	19	42
ADIn 1.661-1-PA	7	120
ADIn 1.662-7-DF	2/5	120/75
ADIn 1.675-1-DF	1	29
ADIn 1.696-0-SE	6	59
ADIn 1.721-3-DF	1/2/10	46/31/23
ADIn 1.749-5-DF	4	163
ADIn 1.753-2-DF	2	165
ADIn 1.770-4-DF	2	31
ADIn 1.797-0-PE	4	148
ADIn 1.849-0-DF	3	125
ADIn 1.878-0-DF	2/6/7	34/96/137
ADIn 1.880-4-DF	2	90
ADIn 1.912-3-RJ	3	35
ADIn 1.942-DF	13	67
ADIn 1.946-5-DF	7	132
ADIn 1.953-8-ES	4	59
ADIn 1.967-8-DF	4	163
ADIn 1.971-6-SP	5	163
ADIn 1.976-7-DF	11	65
ADIn 2.010-8-DF	6	200
ADIn 2.024-2-DF	4	164
ADIn 2.054-4-DF	7	182
ADIn 2.093-6-SC	8	103
ADIn 2.098-6-AL	5	127
ADIn 2.105-2-DF	4/5	146/187
ADIn 2.107-9-DF	5	127
ADIn 2.139-7-DF	11/13	49/83
ADIn 2.160-5-DF	4/13	105/83
ADIn 2.180-0-SP	5	163
ADIn 2.201-6-DF	7	93
ADIn 2.310-1-DF	5	95
ADIn 2.652-8-DF	7	174
ADIn 2.679-8-AL	6	49

N. do Julgado	Volume	Página
ADIn 2.687-9-PA	7	128
ADIn 2.931-2-RJ	9	78
ADIn 3.026-4-DF	10	143
ADIn 3.030-2-AP	9	79
ADIn 3.068-0-DF	9	11
ADIn 3.085-0-CE	9	93
ADIn 3.105-8-DF	8	121
ADIn 3.127-DF	19	66
ADIn 3.224-1-AP	8	91
ADIn 3.300-0-DF	10	186
ADIn 3.347-DF	16	57
ADIn 3.356-PE	21	30
ADIn 3.357-DF	21	30
ADIn 3.367-1-DF	9/10	83/115
ADIn 3.392-1-DF	11	35
ADIn 3.395-6-DF	9/10/21	9/69/79
ADIn 3.406-RJ	21	28
ADIn 3.453-7-DF	11	63
ADIn 3.470-RJ	21	29
ADIn 3.510-0-DF	12	121
ADIn 3.934-2-DF	11/13	23/33
ADIn 3.937-SP	21	28
ADIn 3.541-0-DF	18	67
ADIn 4.015-PA	12	89
ADIn 4.167-3-DF	12/15	21/35
ADIn 4.292-DF	13	59
ADIn 4.347-DF	13	70
ADIn 4.357-DF	17	107
ADIn 4.364-SC	15	55
ADIn 4.425-DF	17	107
ADIn 4.568-DF	15	37
ADIn 4.696-DF	15	83
ADIn 4.698-MA	15	83
ADIn 4.716-DF	16	77
ADIn 4.738-DF	16	63
ADIn 4.742-DF	16	77
ADIn 4.751-RJ	21	77
ADIn 4.849-DF	16	34

N. do Julgado	Volume	Página
ADIn 4.876-DF	18	127
ADIn 4.976-DF	18	31
ADIn 5.013-DF	17	38
ADIn 5.035-DF	17	53
ADIn 5.036-DF	17	53
ADIn 5.050-DF	17	43
ADIn 5.051-DF	17	43
ADIn 5.090-DF	18	34
ADIn 5.123-MT	19	85
ADIn 5.213-DF	19	121
ADIn 5.230-DF	19	156
ADIn 5.232-DF	19	156
ADIn 5.234-DF	19	156
ADIn 5.246-SP	19	156
ADIn 5.326-DF	19	91
ADIn 5.329-DF	19	128
ADIn 5.340-DF	19	72
ADIn 5.367-DF	19	38
ADIn 5.516-DF	20	184
ADIn 5.519-DF	20	189
ADIn 5.685-DF	21	47
ADIn 5.686-DF	21	47
ADIn 5.687-DF	21	47
ADIn 5.695-DF	21	47
ADIn 5.735-SF	21	46
ADIn 5.769-DF	21	35
ADIn 5.766-DF	21	88
ADIn 5.785-DF	21	99
ADIn 5.794-DF	21	60
ADIn 5.806-DF	21	52/60
ADIn 5.810-DF	21	60
ADIn 5.811-DF	21	60
ADIn 5.813-DF	21	60
ADIn 5.815-DF	21	60
ADIn 5.826-DF	21	52
ADIn 5.829-DF	21	52
ADIn-MC 1.121-9-RS	1	50
ADIn-MC 1.567-2-DF	1	100

N. do Julgado	Volume	Página
ADIn-MC 1.721-3-DF	7	22
ADIn-MC 2.111-7-DF	7	139
ADIn-MC 2.176-1-RJ	4	177
ADIn-MC 3.126-1-DF	8/9	92/92
ADIn-MC 3.472-3-DF	9	117
ADPF-47-5-PA	12	26
ADPF-MC 54-8-DF	8	155
ADPF-109-SP	21	31
ADPF-123-DF	21	66
ADPF-151-DF	14/15	38/45
ADPF-264-DF	18	99
ADPF-275-PB	17	137
ADPF-276-DF	17	90
ADPF-277-DF	17	90
ADPF-293-RJ	17	29
ADPF-323-DF	20	61
ADPF-355-DF	19	19
ADPF-361-DF	19	91/98
ADPF-363-DF	19	62
ADPF-367-DF	19	38
ADPF-381-DF	20	21
ADPF-488-DF	21	23
ADPF-498-DF	21	58
AG-AI 156.338-0-PR	1	60
AG-AI 214.076-8-RS	2	123
AG-AI 223.271-7-MG	3	13
AGRAG 248.880-1-PE	4	109
AGRAG 324.304-7-SP	6	157
AG-RE 220.170-2-SP	2	64
AG-RE 227.899-9-MG	2	19
AG-RE 241.935-8-DF	4	49
AG(AGRG) 258.885-1-RJ	4	108
AG(AGRG) 316.458-1-SP	6	162
AGRG-ADIn 3.153-8-DF	9	25
AGRG-AI 171.020-9-CE	5	39
AGRG-AI 267.115-7-DF	4	137
AGRG-AI 238.385-6-PR	5	70
AGRG-AI 404.860-1-DF	10	103

N. do Julgado	Volume	Página
AGRG-AI 410.330-0-SP	7	60
AGRG-AI 416.962-2-ES	7	17
AGRG-AI 442.897-6-ES	10	163
AGRG-AI 453.737-1-RJ	7	89
AGRG-AI 479.810-7-PR	10	151
AGRG-AI 528.138-0-MS	10	140
AGRG-AI 570.429-9-RS	12	115
AGRG-AI 582.921-1-MA	10	35
AGRG-AO 820-4-MG	7	116
AGRG-MI-774-DF	18	83
AGRG-MS 25.489-1-DF	9	122
AGRG-RE 222.368-4-PE	7	66
AGRG-RE 273.834-4-RS	5	192
AGRG-RE 281.901-8-SP	5	47
AGRG-RE 299.671-8-RS	6	160
AGRG-RE 347.334-7-MG	7	90
AGRG-RE 409.997-7-AL	10	154
AGRG-RE 507.861-2-SP	11	57
AGRG-RG 269.309-0-MG	5	58
AI 139.671-(AGRG)-DF	1	43
AI 153.148-8-PR	1	60
AI 208.496-9-ES	2	102
AI 210.106-0-RS	2	55
AI 210.466-6-SP	2	45
AI 212.299-0-SP	2	15
AI 212.918-1-DF	2	149
AI 215.008-6-ES	2	36
AI 216.530-8-MG	2	132
AI 216.786-2-SP	2	81
AI 218.578-8-PR	2	125
AI 220.222-2-DF	2	85
AI 220.739-5-SP	2	106
AI 224.483-5-PB	3	44
AI 229.862-4-RS	3	15
AI 233.762-1-RS	3	105
AI 233.835-8-RS	3	90
AI 237.680-1-SP	3	50
AI 238.733-1-MG	3	56

N. do Julgado	Volume	Página
AI 240.632-6-RS	3	121
AI 243.418-0-MG	3	101
AI 244.136-6-SP	3	20
AI 244.154-4-SP	3	71
AI 244.672-0-SP	3	40
AI 245.136-1-RS	3	94
AI 248.256-2-SP	3	43
AI 248.764-1-DF	3	26
AI 249.021-1-SP	3	46
AI 249.470-7-BA	4	96
AI 249.539-2-BA	8	87
AI 249.600-3-MG	3	30
AI 260.198-8-MG	4	124
AI 260.553-8-SP	4	91
AI 260.700-5-DF	4	28
AI 265.946-8-PR	4	73
AI 266.186-4-GO	4	15
AI 270.156-1-RS	5	42
AI 273.327-1-BA	4	173
AI 277.315-1-SC	4	87
AI 277.432-8-PB	4	41
AI 277.651-4-BA	4	47
AI 279.422-1-DF	4	139
AI 290.222-6-AM	5	64
AI 294.013-4-RS	5	79
AI 321.083-2-DF	5	82
AI 321.503-9-MS	5	51
AI 329.165-6-RJ	5	128
AI 333.502-4-SP	10	35
AI 341.920-9-RS	5	143
AI 342.272-1-DF	5	125
AI 359.319-5-SP	5	54
AI 388.729-8-PE	6	117
AI 388.895-1-PB	6	115
AI 401.141-3-SP	10	108
AI 429.939-2-PE	7	88
AI 436.821-2-PE	7	85
AI 449.252-3-SP	7	103

N. do Julgado	Volume	Página
AI 454.064-4-PA	10	64
AI 457.801-1-DF	8	58
AI 457.863-2-RS	8	28
AI 460.355-7-SP	7	118
AI 462.201-0-SP	7	81
AI 465.867-8-MG	8	75
AI 474.751-1-SP	8	68
AI 477.294-5-PI	7	26
AI 478.276-1-RJ	8	44
AI 498.062-2-SP	8	76
AI 500.356-5-RJ	8	44
AI 511.972-0-SP	8	85
AI 513.028-1-ES	8	69
AI 514.509-8-MG	8	26
AI 518.101-6-MG	8	75
AI 522.830-4-RJ	10	84
AI 523.628-8-PR	9	67
AI 525.295-8-BA	9	20
AI 525.434-3-MT	9	38
AI 526.389-1-SP	9	71
AI 529.694-1-RS	9	147
AI 531.237-0-RS	9	68
AI 533.705-2-DF	9	112
AI 534.587-1-SC	10	32
AI 535.068-3-SP	9	28
AI 538.917-7-AL	9	106
AI 539.419-9-MG	9	80
AI 556.247-6-SP	9	142
AI 557.195-2-RJ	10	89
AI 561.126-1-RJ	10	90
AI 567.280-9-MG	10	98
AI 571.672-5-RS	10	171
AI 572.351-3-SP	10	102
AI 579.311-0-PR	10	19
AI 583.599-6-MG	10	37
AI 584.691-8-SP	10	110
AI 629.242-5-SP	11	19
AI 633.430-1-RS	11	21

N. do Julgado	Volume	Página
AI 635.212-1-DF	11	61
AI 640.303-9-SP	11	32
AI 656.720-2-SP	11	40
AI 791.292-PE	14	69
AO 206-1-RN	7	61
AO 757-7-SC	7	110
AO 764-0-DF	7	113
AO 931-6-CE	7	108
AO 1.157-4-PI	10	118
AO 1.509-SP	17	149
AO 1.656-DF	18	126
AO 2.126-PR	21	82
AP 635-GO	20	163
AR 1.371-5-RS	5	135
AR 2.028-2-PE	12	108
AR-AI 134.687-GO	1	37
AR-AI 150.475-8-RJ	1	77
AR-AI 198.178-RJ	1	114
AR-AI 199.970-0-PE	3	88
AR-AI 218.323-0-SP	3	112
AR-AI 245.235-9-PE	3	113
AR-AI 437.347-3-RJ	8	43
ARE 637.607-RS	15	69
ARE 642.827-ES	15	73
ARE 646.000-MG	16	100
ARE 652.777-SP	19	141
ARE 654.432-GO	16/21	65/67
ARE 661.383-GO	16	55
ARE 664.335-SC	18	137
ARE 665.969-SP	16	66
ARE 674.103-SC	16	27
ARE 679.137-RJ	19	83
ARE 709.212-DF	18	36
ARE 713.211-MG	18	70
ARE 774.137-BA	18	103
ARE 791.132-DF	18	76
ARE 808.107-PE	18	143
ARE 842.157-DF	19	173

N. do Julgado	Volume	Página
ARE 906.491-DF	19	99
ARE 954.408-RS	20	195
ARE 1.018.459-PR	21	57
ARE no MI 5.126-DF	17	158
CC 6.968-5-DF	1	80
CC 6.970-7-DF	1	79
CC 7.040-4-PE	6	95
CC 7.043-9-RO	6	91
CC 7.053-6-RS	6	102
CC 7.074-0-CE	6	109
CC 7.079-1-CE	8	51
CC 7.091-9-PE	5	56
CC 7.116-8-SP	6	119
CC 7.118-4-BA	6	114
CC 7.134-6-RS	7	58
CC 7.149-4-PR	7	56
CC 7.165-6-ES	8	45
CC 7.171-1-SP	8	48
CC 7.201-6-AM	12	63
CC 7.204-1-MG	9	54
CC 7.242-3-MG	12	101
CC 7.295-4-AM	10	92
CC 7.376-4-RS	10	60
CC 7.456-6-RS	12	84
CC 7.484-1-MG	11	52
CC 7.500-MG	13	78
CC 7.706-SP	19	89
CR 9.897-1-EUA	6	214
ED-ED-RE 191.022-4-SP	2	96
ED-ED-RE 194.662-8-BA	7/9	40/26
ER-RE 190.384-8-GO	4	35
ED-RE 194.707-1-RO	3	86
ED-RE 348.364-1-RJ	8	22
HC 77.631-1-SC	7	183
HC 80.198-6-PA	4	78
HC 81.319-4-GO	6	212
HC 84.270-4-SP	8	41
HC 85.096-1-MG	9	58

N. do Julgado	Volume	Página
HC 85.911-9-MG	9	70
HC 85.585-5-TO	11	127
HC 87.585-TO	12	131
HC 93.930-RJ	14	121
HC 98.237-SP	14	71
HC 98.873-8-SP	13	91
HC 115.046-MG	17	46
HC 119.645-SP	17	74
HC 145.445-DF	21	103
IF 607-2-GO	2	115
MC em AC 1.069-1-MT	10	104
MC em ADIn 2.135-4-9-DF	11	76
MC em ADIn 2.527-9-DF	11	68
MC em ADIn 3.395-6-DF	9	98
MC em ADIn 3.540-1-DF	10	182
MC em HC 90.354-1-RJ	11	129
MC em HC 92.257-1-SP	11	135
MC em MS 24.744-4-DF	8	110
MC em MS 25.027-5-DF	8	104
MC em MS 25.498-8-DF	9	130
MC em MS 25.503-0-DF	9	116
MC em MS 25.511-1-DF	9	132
MC em MS 25.849-1-DF	9	120
MC em Rcl. 2.363-0-PA	7	74
MC em Rcl. 2.653-1-SP	8	117
MC em Rcl. 2.670-1-PR	8	114
MC em Rcl. 2.684-1-PI	8	61
MC em Rcl. 2.772-4-DF	8	99
MC em Rcl. 2.804-6-PB	8	72
MC em Rcl. 2.879-6-PA	8	65
MC em Rcl. 3.183-7-PA	9	98
MC em Rcl. 3.431-3-PA	9	102
MC em Rcl. 3.760-6-PA	9	35
MC em Rcl. 4.306-1-TO	10	96
MC em Rcl. 4.317-7-PA	10	99
MC em Rcl. 4.731-8-DF	10	129
MI 20-4-DF	1	86
MI 102-2-PE	6	133

N. do Julgado	Volume	Página
MI 347-5-SC	1	85
MI 585-9-TO	6	59
MI 615-2-DF	9	45
MI 670-7-DF	7	41
MI 670-9-ES	11/12	80/42
MI 692-0-DF	7	23
MI 708-0-DF	11/12	81/42
MI 712-8-PA	11/12	80/50
MI 758-4-DF	12	30
MI 817-5-DF	12	40
MI 943-DF	17	35
MS 21.143-1-BA	2	93
MS 22.498-3-BA	2	34
MS 23.671-0-PE	4	80
MS 23.912-3-RJ	5	197
MS 24.008-3-DF	9	91
MS 24.414-3-DF	7	107
MS 24.875-1-DF	10	133
MS 24.913-7-DF	8	78
MS 25.151-DF	20	196
MS 25.191-3-DF	9	90
MS 25.326-6-DF	9	118
MS 25.496-3-DF	9	124
MS 25.763-6-DF	10	154
MS 25.938-8-DF	12	97
MS 25.979-5-DF	10	146
MS 26.117-0-MS	14	24
MS 26.280-DF	21	33
MS 28.133-DF	13	143
MS 28.137-DF	13	53
MS 28.393-MG	17	157
MS 28.801-DF	14	83
MS 28.871-RS	14	101
MS 28.965-DF	15/19	96/28
MS 31.096-DF	16	112
MS 31.375-DF	17	153
MS 31.477-DF	19	151
MS 32.753-DF	19	130

N. do Julgado	Volume	Página
MS 32.912-DF	18	20
MS 33.424-DF	21	101
MS 33.456-DF	19/21	109/101
MS 33.853-DF	19	136
MS 34.316-DF	20	229
MS 34.541-DF	21	118
MS 34.623-DF	21	118
MS 34.624-DF	21	118
MSMC 21.101-DF	1	38
MCMS 24.637-5-DF	7	98
Petição 1.984-9-RS	7	177
Petição 2.793-1-MG	6	226
Petição 2.933-0-ES	7	54
Petição 5.084-SP	19	70
Petição 7.162-SP	21	120
QO-MI 712-8-PA	11	79
RE 109.085-9-DF	3	127
RE 109.450-8-RJ	3	75
RE 109.723-0-RS	10	71
RE 113.032-6-RN	6	70
RE 117.670-9-PB	2	160
RE 118.267-9-PR	1	76
RE 126.237-1-DF	4	110
RE 131.032-4-DF	1	80
RE 134.329-0-DF	3	82
RE 141.376-0-RJ	5	93
RE 144.984-5-SC	2	111
RE 146.361-9-SP	3	76
RE 146.822-0-DF	1	52
RE 150.455-2-MS	3	104
RE 157.057-1-PE	3	81
RE 158.007-1-SP	6	188
RE 158.007-1-SP	6	188
RE 158.448-3-MG	2	164
RE 159.288-5-RJ	1	52
RE 165.304-3-MG	5	194
RE 172.293-2-RJ	2	92
RE 175.892-9-DF	4	132

N. do Julgado	Volume	Página
RE 176.639-5-SP	1	68
RE 181.124-2-SP	2	163
RE 182.543-0-SP	1	62
RE 183.883-3-DF	3	24
RE 183.884-1-SP	3	115
RE 187.229-2-PA	3	114
RE 187.955-6-SP	3	114
RE 189.960-3-SP	5	44
RE 190.384-8-GO	4	36
RE 190.844-1-SP	4	60
RE 191.022-4-SP	1	68
RE 191.068-2-SP	11	44
RE 193.579-1-SP	7	47
RE 193.943-5-PA	2	130
RE 194.151-1-SP	2	109
RE 194.662-8-BA	5/6/19	37/69/104
RE 194.952-0-MS	5	117
RE 195.533-3-RS	2	33
RE 196.517-7-PR	5	57
RE 197.807-4-RS	4	32
RE 197.911-9-PE	1	74
RE 198.092-3-SP	1	66
RE 199.142-9-SP	4	57
RE 200.589-4-PR	3	64
RE 201.572-5-RS	5	157
RE 202.063-0-PR	1	59
RE 202.146-6-RS	3	130
RE 203.271.9-RS	2	95
RE 204.126-2-SP	6	187
RE 204.193-9-RS	5	156
RE 205.160-8-RS	3	77
RE 205.170-5-RS	2	48
RE 205.701-1-SP	1	36
RE 205.815-7-RS	1	27
RE 206.048-8-RS	5	195
RE 206.220-1-MG	3	74
RE 207.374-1-SP	2	109
RE 207.858-1-SP	3	67

N. do Julgado	Volume	Página
RE 209.174-0-ES	2	149
RE 210.029-1-RS	7	47
RE 210.069-2-PA	3	132
RE 210.638-1-SP	2	123
RE 212.118-5-SP	5	59
RE 213.015-0-DF	6	134
RE 213.111-3-SP	7	47
RE 213.244-6-SP	2	40
RE 213.792-1-RS	2	98
RE 214.668-1-ES	7/10	47/75
RE 215.411-3-SP	5	30
RE 215.624-8-MG	4	106
RE 216.214-1-ES	4	142
RE 216.613-8-SP	4	52
RE 217.162-2-DF	3	125
RE 217.328-8-RS	4	50
RE 217.335-5-MG	4	43
RE 219.434-0-DF	6	19
RE 220.613-1-SP	4	31
RE 222.334-2-BA	5	25
RE 222.368-4-PE	6	124
RE 222.560-2-RS	2/6	51/32
RE 224.667-9-MG	3	38
RE 225.016-1-DF	5	113
RE 225.488-1-PR	4	33
RE 225.872-5-SP	8	33
RE 226.204-6-DF	6	30
RE 226.855-7-RS	4	17
RE 227.410-9-SP	4	13
RE 227.899-8-MG	2	17
RE 228.035-7-SC	7	122
RE 230.055-1-MS	3	59
RE 231.466-5-SC	6	54
RE 232.787-0-MA	3	79
RE 233.664-9-DF	5	40
RE 233.906-2-RS	9	86
RE 234.009-4-AM	3	110
RE 234.068-1-DF	8	109

N. do Julgado	Volume	Página
RE 234.186-3-SP	5	23
RE 234.431-8-SC	10	68
RE 234.535-9-RS	5	60
RE 235.623-8-ES	9	75
RE 235.643-9-PA	4	36
RE 236.449-1-RS	3	131
RE 237.965-3-SP	4	34
RE 238.737-4-SP	2	44
RE 239.457-5-SP	6	22
RE 240.627-8-SP	3	53
RE 241.372-3-SC	5	142
RE 243.415-9-RS	4	178
RE 244.527-4-SP	3	129
RE 245.019-7-ES	3	65
RE 247.656-1-PR	5	29
RE 248.278-1-SC	10	151
RE 248.282-0-SC	5	123
RE 248.857-7-SP	6	167
RE 249.740-1-AM	3	75
RE 252.191-4-MG	5	158
RE 254.518-0-RS	4	171
RE 254.871-5-PR	5	29
RE 256.707-8-RJ	9	53
RE 257.063-0-RS	5	152
RE 257.836-3-MG	6	82
RE 259.713-9-PB	5	120
RE 260.168-3-DF	4	179
RE 261.344-4-DF	6	194
RE 263.381-0-ES	6	25
RE 264.299-1-RN	4	100
RE 264.434-MG	14	22
RE 265.129-0-RS	4	37
RE 273.347-4-RJ	4	46
RE 275.840-0-RS	5	122
RE 278.946-1-RJ	8	19
RE 281.297-8-DF	5	26
RE 284.627-9-SP	6	18
RE 284.753-6-PA	6	183

N. do Julgado	Volume	Página
RE 287.024-2-RS	8	35
RE 287.925-8-RS	8	20
RE 289.090-1-SP	5	44
RE 291.822-9-RS	10/15	76/53
RE 291.876-8-RJ	5	155
RE 292.160-2-RJ	5	77
RE 293.231-1-RS	5	78
RE 293.287-6-SP	6	85
RE 293.932-3-RJ	5	86
RE 299.075-5-SP	5	130
RE 305.513-9-DF	6	83
RE 308.107-1-SP	5	147
RE 311.025-0-SP	6	181
RE 318.106-8-RN	9	78
RE 329.336-2-SP	6	17
RE 330.834-3-MA	6	177
RE 333.236-8-RS	6	145
RE 333.697-5-CE	6	20
RE 340.005-3-DF	6	112
RE 340.431-8-ES	6	53
RE 341.857-2-RS	6	192
RE 343.183-8-ES	6	178
RE 343.144-7-RN	6	176
RE 344.450-6-DF	9	109
RE 345.874-4-DF	6	158
RE 347.946-6-RJ	6	198
RE 349.160-1-BA	7	87
RE 349.703-RS	12	131
RE 350.822-9-SC	7	131
RE 351.142-4-RN	9	81
RE 353.106-9-SP	6	67
RE 356.711-0-PR	9	62
RE 362.483-1-ES	8	17
RE 363.852-1-MG	9	146
RE 368.492-2-RS	7	134
RE 369.779-0-ES	7	17
RE 369.968-7-SP	8	39
RE 370.834-MS	15	63

N. do Julgado	Volume	Página
RE 371.866-5-MG	9	40
RE 372.436-3-SP	7	188
RE 378.569-9-SC	7	126
RE 381.367-RS	14/15/20	111/93/222
RE 382.994-7-MG	9	18
RE 383.074-1-RJ	8	164
RE 383.472-0-MG	7	39
RE 387.259-1-MG	7	57
RE 387.389-0-RS	7	71
RE 390.881-2-RS	7	136
RE 392.303-8-SP	6	26
RE 392.976-3-MG	8	85
RE 394.943-8-SP	9	55
RE 395.323-4-MG	6	38
RE 396.092-0-PR	7	28
RE 398.041-0-PA	10	40
RE 398.284-2-RJ	12	19
RE 403.832-3-MG	7	56
RE 405.031-5-AL	12	91
RE 414.426-SC	15	21
RE 415.563-0-SP	9	151
RE 419.327-2-PR	9	43
RE 420.839-DF (AgR)	16	97
RE 428.154-PR	19	84
RE 430.145-8-RS	10	136
RE 439.035-3-ES	12	17
RE 441.063-0-SC	9	60
RE 444.361-9-MG	9	56
RE 445.421-1-PE	10	167
RE 449.420-5-PR	9	192
RE 451.859-7-RN	11	73
RE 459.510-MT	13/19	81/101
RE 464.971-MG	15	81
RE 466.343-1-SP	11/12	134/131
RE 477.554-MG	15	98
RE 478.410-SP	14	116
RE 485.913-3-PB	10	131
RE 503.415-5-SP	11	60

N. do Julgado	Volume	Página
RE 505.816-6-SP	11	37
RE 507.351-3-GO	11	58
RE 519.968-1-RS	11	29
RE 522.897-RN	21	87
RE 545.733-8-SP	11	17
RE 548.272-3-PE	11	119
RE 553.159-DF	13	31
RE 555.271-3-AM	11	121
RE 556.664-1-RS	12	87
RE 563.965-RN	13	140
RE 565.169-SC	21	135
RE 569.056-3-PA	12	81
RE 569.815-7-SP	11	55
RE 570.177-8-MG	12	28
RE 570.908-RN	13	139
RE 572.052-RN	13	151
RE 578.543-MT	13/17	99/134
RE 579.648-5-MG	12	58
RE 583.050-RS	17	95
RE 586.453-SE	17	95
RE 587.970-SP	21	139
RE 590.415-SC	19	64
RE 593.068-SC	19	167
RE 595.315-RJ	16	110
RE 595.326-PE	15	88
RE 595.838-SP	18	29
RE 596.478-RR	16	24
RE 597.368-RE	13/17	99/134
RE 598.998-PI	17	41
RE 599.362-RS	20	19
RE 600.091-MG	13/15	77/59
RE 602.043-MT	21	129
RE 603.191-MT	15	90
RE 603.583-RS	15	105
RE 606.003-RS	16	81
RE 607.520-MG	15	62
RE 609.381-GO	18	133
RE 609.517-RO	21	97

N. do Julgado	Volume	Página
RE 612.975-MT	21	129
RE 627.294-PE	16	107
RE 629.053-SP	15/16	17/28
RE 630.137-RS	14	114
RE 630.501-RS	17	160
RE 631.240-MG	18	141
RE 632.853-CE	19	113
RE 634.093-DF	15	19
RE 635.023-DF	15	21
RE 635.739-AL	18	115
RE 636.553-RS	15	79
RE 638.483-PB	15	60
RE 643.978-DF	19	67
RE 650.898-RS	15	71
RE 652.229-DF	15	75
RE 656.860-MT	18	139
RE 657.989-RS	16	98
RE 658.312-SC	18	37
RE 661.256-SC	15	93
RE 666.256-SC	18/20	145/222
RE 675.978-SP	19	137
RE 693.456-RJ	20	117
RE 718.874-RS	21	142
RE 724.347-DF	19	137
RE 760.931-DF	21	48
RE 765.467-SP	18	53
RE 778.889-PE	18/20	105/224
RE 786.540-DF	20	201
RE 788.838-RS	18	105
RE 795.467-SP	18	19
RE 816.830-SC	19	40
RE 827.833-SC	20	222
RE 828.040-DF	21	21
RE 846.854-SP	21	64
RE 852.796-RS	19	169
RE 883.542-SP	21	62
RE 895.759-PE	20	156
RE 898.450-SP	19/20	138/28

N. do Julgado	Volume	Página
RE 938.837-SP	21	84
RE 944.245-SP	21	25
RE 1.034.840-DF	21	91
RE 1.039.644-SC	21	144
RE 1.059.466-AL	21	116
RE (Edu) 146.942-1-SP	6	108
RCL. 743-3-ES	8	72
RCL. 1.728-1-DF	5	118
RCL. 1.786-8-SP	5	72
RCL. 1.979-9-RN	6	148
RCL. 2.135-1-CE	9	65
RCL. 2.155-6-RJ	6/8	148/71
RCL. 2.267-6-MA	8	67
RCL. 3.322-8-PB	9	111
RCL. 3.900-5-MG	9	126
RCL. 4.012-7-MT	11	114
RCL. 4.303-7-SP	10	69
RCL. 4.351-PE	19	100
RCL. 4.464-GO	12	78
RCL. 4.489-1-PA	13	129
RCL. 5.381-4-AM	12	65
RCL. 5.381-ED-AM	12/13	109/131
RCL. 5.155-PB	13	29
RCL. 5.543-AgR-GO	13	35
RCL. 5.679-SC	18	118
RCL. 5.698-8-SP	12	35
RCL. 5.758-SP	13	133
RCL. 5.798-DF	12	54
RCL. 6.568-SP	12/13	68/63
RCL. 7.342-9-PA	12	87
RCL. 7.901-AM	14	41
RCL. 8.341-PB	15	86
RCL. 8.388-PE	13	19
RCL. 8.949-SP	13	154
RCL. 10.132-PR	18	70
RCL. 10.160-RN	18	89
RCL. 10.164-SP	14	17
RCL. 10.243-SP	14	56

N. do Julgado	Volume	Página
RCL. 10.411-SP	17	99
RCL. 10.466-GO	14	33
RCL. 10.580-DF	14	60
RCL. 10.634-SE	17	65
RCL. 10.776-PR	14	76
RCL. 10.798-RJ	14	51
RCL. 11.218-PR	16	118
RCL. 11.366-MG	15	47
RCL. 11.920-SP	18	130
RCL. 11.954-RJ	16	39
RCL. 13.132-RN	16	90
RCL. 13.189-SP	16	19
RCL. 13.348-SP	17	19
RCL. 13.403-MG	16	45
RCL. 13.410-SC	16	83
RCL. 13.477-SP	17	24
RCL. 13.714-AC	18	108
RCL. 14.671-RS	16	50
RCL. 14.996-MG	17	68
RCL. 15.024-RN	18	69
RCL. 15.106-MG	17	68
RCL. 15.342-PR	17	68
RCL. 15.644-MS	17	48
RCL. 15.820-RO	17	86
RCL. 16.535-RJ	17	87
RCL. 16.637-SP	18	55
RCL. 16.868-GO	17	85
RCL. 17.188-ES	18	81
RCL. 17.915-DF	19	122
RCL. 18.506-SP	18	84
RCL. 19.551-DF	19	123
RCL. 19.856-PR	19	114
RCL. 21.008-MG	19	153
RCL. 21.191-RS	19	74
RCL. 22.012-RS	19/21	48/85
RCL. 22.986-MG	20	148
RCL. 24.445-RS	20	178
RCL. 25.261-MG	21	45

N. do Julgado	Volume	Página
RCL. 26.256-DF	21	72
RCL. 26.597-SP	21	79
RHC 81.859-5-MG	6	121
RMS 2.178-DF	1	72
RMS 23.566-1-DF	6	41
RMS 21.053-SP	14	49
RMS (EdAgR) 24.257-8-DF	6	211
RMS 28.546-DF	16	30
RMS 28.208-DF	18	123
RMS 32.732-DF	18	115
RO-MS 23.040-9-DF	3	103
RO-MS 24.309-4-DF	7	45
RO-MS 24.347-7-DF	7	105
SEC 5.778-0-EUA	9	156
SL 706-BA	17	81
SS 1.983-0-PE	7	94
SS 4.318-SP	14	100
SÚMULAS DO STF	7	143
SÚMULAS VINCULANTES DO STF	12/18	135/149
TST-RE-AG-AI-RR 251.899/96.7	1	111
TST-RE-AG-E-RR 144.583/94.4	2	50
TST-RE-AG-E-RR 155.923/95.9	1	92
TST-RE-AG-E-RR 286.778/96.5	1	25
TST-RE-AG-RC 343.848/97.8	2	112
TST-RE-AI-RR 242.595/96.2	1	106
TST-RE-AI-RR 242.708/96.5	2	137
TST-RE-AI-RR 286.743/96.7	1	56
TST-RE-AI-RR 299.174/96.7	1	104
TST-RE-AI-RR 305.874/96.8	1	24
TST-RE-AR 210.413/95.3	2	69
TST-RE-AR 278.567/96.5	1	33
TST-RE-ED-AI-RR 272.401/96.3	2	52
TST-RE-ED-E-RR 81.445/93.0	2	155
TST-RE-ED-E-RR 117.453/94.7	1	95
TST-RE-ED-E-RR 140.458/94.8	2	71
TST-RE-ED-E-RR 651.200/00.9	6	35
TST-RE-ED-RO-AR 331.971/96.9	4	102
TST-RE-ED-RO-AR 396.114/97.7	4	122

N. do Julgado	Volume	Página
TST-RE-ED-RO-AR 501.336/98.0	6	164
TST-RE-ED-RO-AR 671.550/2000.2	7	51
TST-RE-E-RR 118.023/94.4	2	153
TST.RE.E.RR 411.239/97.8	7	43
TST-RE-RMA 633.706/2000.6	4	84
TST-RE-RO-AA 385.141/97.6	2	74
TST-RE-RO-AR 209.240/95.6	1	97
TST-RE-RO-DC 284.833/96.1	1	69

ÍNDICE DOS MINISTROS DO STF PROLATORES DOS JULGADOS CITADOS

VOLUMES 1 A 21

(O primeiro número [em negrito] corresponde ao volume, e os demais correspondem às páginas iniciais dos julgados)

ALEXANDRE DE MORAES 21/64, 66, 67, 116, 142, 144

AYRES BRITTO 7/23; **8**/54; **9**/30, 35, 53, 78, 102; **10**/23, 39, 89, 99, 102, 131; **11**/29, 37; **12**/65, 11, 131; **13**/ 29, 78, 131; **14**/26, 70; **15**/93 **16**/57; **17**/107

CARLOS VELLOSO 1/27, 62, 66, 79, 102; **2**/17, 19, 101; **3**/39, 59, 125; **5**/26, 86, 152, 156; **6**/30, 32, **8**/103, 104, 110, 114; **9**/ 79, 120, 122, 126, 151; **10**/154; **14**/49

CÁRMEN LÚCIA 10/129; **11**/21, 32, 40, 61, 63, 135; **12**/58, 68, 78, 97; **13**/19, 98, 129, 133, 139, 140, 154; **14**/22, 33, 41; **15**/37, 65; **16**/112; **17**/29, 68, 85, 86, 153; **18**/88, 126; **19**/38, 74, 137

CÉLIO BORJA 1/37

CELSO DE MELLO 1/19, 38, 50, 86; **2**/60, 109, 115; **3**/36, 86; **4**/15, 146; **5**/15, 39, 70, 164, 170, 187, 192; **6**/26, 95, 102, 124, 145, 162, 183, 200, 212; **7**/19, 53, 66, 89, 116, 183, 188; **8**/39, 43, 61, 78; **9**/25, 40, 45, 68, 75, 112, 132, 156; **10**/64, 76, 90, 92, 140, 159, 171, 182, 186; **11**/83; **12**/89; **13**/91, 132; **14**/71, 83; **15**/19, 21, 98; **16**/90; **17**/113; **18**/55, 84, 115; **19**/62; **20**/163; **21**/58, 103

CEZAR PELUSO 7/106; **8**/35, 58, 68, 99, 117, 121; **9**/19, 43, 56, 63, 83, 116; **10**/71, 95, 115, 136, 167; **11**/35, 55, 121, 129, 134; **12**/131; **13**/81; **14**/100; **15**/60, 69, 73; **17**/95

DIAS TOFFOLI 13/77; **14**/101; **15**/55, 59, 62; **16**/24, 39, 45, 77, 97; **17**/90, 99; **18**/29, 37, 67, 81, 99, 127; **19**/ 39, 48, 89, 100, 101, 130, 136, 151, 169, 173; **20**/19, 117, 178, 201, 222; **21**/28, 31, 120

EDSON FACHIN 21/25, 31, 33, 52, 60, 77, 79, 82, 118

ELLEN GRACIE 5/117, 157, 197; **6/**17, 18, 38, 119, 157, 170, 187, 211; **7/**57, 88, 108, 176; **8/**16, 19, 20, 88, 91, 121; **9/**53, 65, 78, 81, 90, 109; **10/**104, 151, 163; **11/**68, 76; **12/**26, 50, 54, 101; **13/**87, 99; **14/**76; **15/**21, 86, 90; **17/**134, 160

EROS ROBERTO GRAU 8/26, 45, 48; **9/**55, 60, 110, 111, 124; **10/**59, 143, 154; **11/**57, 58, 73, 79, 80, 123; **12/**101; **13/**63, 70; **14/**24, 116

GILMAR MENDES 6/148; **7/**58, 74, 120, 131; **8/**41, 65, 69, 71; **9/**26, 92, 147; **10/**98, 108, 118; **11/**19, 52, 80, 81, 101, 129; **12/**14, 42, 87, 107; **13/**31; **14/**17, 38, 51, 69, 121; **15/**45, 75, 79, 96; **16/**63, 118; **17/**19, 35, 58; **18/**36, 70, 83, 115, 118; **19/** 19, 28, 98, 113, 123; 20/21, 62, 196; **21/**21, 46, 47, 57, 62, 87

ILMAR GALVÃO 1/46, 60, 68, 76, 77; **2/**31, 34, 90; **3/**29; **4/**31, 37, 49, 59, 148, 175; **5/**29, 127, 142; **6/**20, 53, 60, 112, 160, 177, 181, 196, 198; **7/**22, 137

JOAQUIM BARBOSA 7/57; **8/**44, 51, 72, 85; **9/**17, 98, 130, 142; **10/**32, 35, 40, 75, 103, 151; **11/**44, 65; **12/**21; **13/**67, 143; **14/**114; **15/**35, 83; **16/**99, 110

LUÍS ROBERTO BARROSO 17/43, 65; **18/**34, 53, 141, 145; **19/**64, 84, 114, 137, 167; **20/**189, 224; **21/**88

LUIZ FUX 16/27, 66, 107; **17/**48, 74, 87, 107, 157, 158; **18/**20, 69, 70, 95, 123, 137; **19/**42, 46, 72, 85, 138, 156; **20/**28, 148; **21/**35, 48, 72, 91

MARCO AURÉLIO 1/115; **2/**15, 23, 36, 40, 45, 48, 51, 64, 79, 81, 86, 92, 93, 96, 102, 106, 111, 125, 132, 139, 150, 164; **3/**15, 20, 26, 30, 35, 38, 40, 43, 46, 50, 56, 67, 71, 74, 81, 90, 94, 104, 105, 107, 110, 112, 114, 121, 125; **4/**28, 69, 74, 80, 87, 91, 96, 100, 106, 124, 129, 136, 139, 167, 173; **5/**37, 44, 51, 58, 59, 60, 64, 79, 82, 95, 122, 123, 143; **6/**69, 108, 133, 214; **7/**28, 40, 45, 71, 80, 94, 103, 113, 177; **8/**28, 44, 72, 76, 155, 164; **9/**18, 67, 70, 71, 118, 146; **10/**36, 69, 84; **11/**17, 60, 114, 119, 127; **12/**30, 91, 131; **13/** 53, 83; **14/**111; **15/**17, 47, 53, 63, 71, 81, 88, 93, 105; **16/**28, 30, 81, 98, 100; **17/**53, 129, 160; **18/**108; **19/**70, 83, 91, 104, 109, 128, 153; **21/**84, 101, 129, 135, 139

MAURÍCIO CORRÊA 1/36; **2**/120; **3**/53, 63, 131, 132; **4**/43, 78, 109, 179; **5**/25, 72, 76, 78, 158; **6**/22, 67, 82, 114, 148, 197; **7**/34, 39, 41, 69, 90, 105, 126, 174, 181; **9**/154

MENEZES DIREITO 12/19, 81, 84

MOREIRA ALVES 2/32, 34, 123, 163; **3**/64, 76, 113; **4**/13, 17, 18, 19, 33, 34, 108; **5**/35, 125, 130, 153; **6**/19, 25, 41, 49

NELSON JOBIM 4/51, 52, 58, 60, 163; **5**/40, 58, 195; **7**/60, 61, 93, 128; **8**/22, 67, 92; **9**/94; **10**/139

NÉRI DA SILVEIRA 1/17, 41, 85; **2**/55, 109, 130, 160; **3**/24, 79, 82, 103, 117, 127; **4**/47, 72, 85, 132; **5**/30, 44, 47, 93, 118, 135, 147, 163; **6**/70, 86, 134, 189

OCTAVIO GALLOTTI 1/59, 74; **2**/33, 77, 95, 98; **3**/130; **4**/32, 35, 50, 105; **5**/194; **11**/49

PAULO BROSSARD 1/52

RICARDO LEWANDOWSKI 10/96, 141; **11**/23, 103; **12**/28, 35, 63, 115; **13**/33, 59, 151; **14**/56, 75; **15**/83; **16**/50, 65, 83; **17**/24, 38, 41, 46, 81, 90, 149; **18**/31, 89, 105; **19**/123; **20**/184; **21**/45, 85, 97

ROSA WEBER 16/34, **17**/95; **21**/23, 28, 99

SEPÚLVEDA PERTENCE 1/72, 80; **2**/24, 124, 149, 165; **3**/13, 18, 66, 75, 101, 114, 115; **4**/36, 46, 71, 110, 165, 170, 177; **5**/23, 54, 77, 120; **6**/59, 109, 115, 194; **7**/26, 56, 85, 87, 98, 182; **8**/33, 75, 85, 87, 109; **9**/20, 28, 38, 58, 75, 88, 91, 105, 106, 137; **10**/19, 60, 68, 110, 133, 146

SYDNEY SANCHES 1/40, 100; **3**/75, 77, 88, 129; **4**/44, 142, 171; **5**/42, 56, 113, 128; **7**/46, 132, 139

TEORI ZAVASCKI 16/55; **17**/134, 137; **18**/19, 76, 103, 130, 133, 139, 143; 19/66, 67, 99, 121, 141; **20**/156, 195, 229

ÍNDICE TEMÁTICO

VOLUMES 1 A 20
(O primeiro número corresponde ao volume, e o segundo,
à página inicial do julgado)

Abandono de emprego, 16/30

Abono
De permanência, 19/109, 21/101
Salarial, 19/19

Ação civil pública, 3/74, 7/43, 8/65, 9/95

Ação coletiva. Órgão de jurisdição nacional, 6/41

Ação de cumprimento
Competência da Justiça do Trabalho. Contribuições, 1/79
Incompetência da Justiça do Trabalho. Litígio entre sindicato e empresa, anterior à Lei n. 8.984/95, 1/80

Ação penal, 18/123

Ação rescisória
Ação de cumprimento de sentença normativa, 7/51
Autenticação de peças, 9/38
Indeferimento de liminar para suspender execução, 4/69
Medida cautelar. Planos econômicos, 3/90
URP. Descabimento, 5/51

Acesso à Justiça
Celeridade, 9/45

Gratuidade, 10/89, 21/88
Presunção de miserabilidade, 2/101

Acidente do trabalho
Competência, 7/56, 8/39, 9/40, 9/53, 9/55, 13/77, 15/59, 15/60
Responsabilidade do empregador, 6/187
Rurícola, 6/188
Seguro, 7/131

Acórdão, 14/69

Adicional de insalubridade
Aposentadoria. Tempo de serviço, 7/134, 11/17
Base de cálculo, 2/15, 3/13, 7/17, 10/19, 11/17, 12/17, 13/19, 14/17, 16/19, 17/19
Caracterização, 6/17
Vinculação ou não ao salário mínimo, 4/13, 6/18, 7/17, 12/17, 17/24

Adicional de periculosidade
Base de cálculo, 17/38
Eletricitário, 17/38
Fixação do *quantum*. Inexistência de matéria constitucional, 3/15
Percepção. Inexistência de matéria constitucional, 4/15

ADIn
Agências reguladoras. Pessoal celetista, 5/95
Aprovação em concurso público, 9/76
Ascensão funcional, 9/79
Associação. Ilegitimidade ativa, 5/163, 9/25
Auxílio-doença, 9/17
Comissão de Conciliação Prévia, 11/49
Confederação. Legitimidade, 3/35 5/163
Conselho Nacional de Justiça, 9/83
Conselho Superior do Ministério Público, 9/88
Depósito prévio. INSS, 11/123
Dissídio coletivo, 11/35
Efeito vinculante, 8/61
Emenda Constitucional, 4/163, 4/164, 9/83
Entidade de 3º grau. Comprovação, 6/49
Estatuto da Advocacia, 9/154

Federação. Legitimidade, 3/36
Férias coletivas, 9/93
Ilegitimidade, 19/85, 21/77
Licença-maternidade. Valor, 7/132
Normas coletivas. Lei Estadual, 10/59
Omissão legislativa, 5/170
Parcela autônoma de equivalência, 5/187
Perda de objeto, 7/41
Precatórios, 11/63
Propositura, 3/35
Provimento n. 5/99 da CGJT. Juiz classista. Retroatividade, EC n. 24/99, 7/93
Reedição. Aditamento à inicial, 3/125
Recuperação de empresas, 11/23
Recurso administrativo, 11/65
Salário mínimo. Omissão parcial. Valor, 7/19
Servidor público, 9/94, 11/73
Sindicato, 19/85
Superveniência de novo texto constitucional, 4/167
Trabalho temporário, 9/111, 11/114
Transcendência, 11/67

Adolescente. Trabalho educativo, 2/21

ADPF, 8/155

Advocacia/Advogado, 7/174
Dativo, 15/62
Direito de defesa, 14/71
Estatuto da, 9/154
Público, 20/189, 21/97
Revista pessoal, 8/41
Sustentação oral, 14/75

Agente fiscal de renda, 14/100

Agravo de Instrumento
Autenticação, 3/71, 8/43
Formação, 2/102, 8/43

Inviabilidade de recurso extraordinário, 5/54
Petição apócrifa, 8/42

Agravo Regimental, 7/53

Amianto, 21/28

Anencefalia, 8/155

Antecipação de tutela. Competência, 7/54

Aposentadoria, 1/46
   Acumulação, 20/196
   Adicional de insalubridade, 7/134
   Aluno-aprendiz, 19/151
   Anulação, 15/79
   Aposentadoria complementar, 19/89
   Aposentadoria compulsória, 20/201
   Aposentadoria especial, 19/153
   Aposentadoria voluntária, 8/114, 10/23, 13/154
   Auxílio-alimentação, 3/130, 5/143, 6/192
   Complementação, 10/98, 11/52, 12/109, 13/78, 16/118
   Congressistas, 16/112
   Continuidade da relação de emprego, 2/31, 7/22, 9/137, 9/142
   Contribuição para caixa de assistência, 15/81
   Contribuição previdenciária, 15/86
   Desaposentação, 14/111, 18/145, 20/222
   Décimo terceiro salário, 19/62
   Dispensa, 19/64
   Empregado público, 18/118
   Especial, 18/137
   Estágio probatório, 8/110
   Férias, 6/194
   Férias não gozadas. Indenização indevida, 3/127
   Férias proporcionais, 8/109
   Funrural, 9/146
   Gratificação de Natal, 5/135, 16/112
   Inativos, 8/121
   Invalidez, 18/139
   Isonomia, 14/33

Juiz classista, 2/34, 6/196, 7/137
Magistrado, 9/90, 9/91
Notário, 12/1
Policial civil, 20/196
Por idade, 15/83
Professor, 21/144
Proventos, 5/142, 16/107
Servidor de Embaixada do Brasil no exterior, 10/167
Tempo de serviço. Arredondamento, 6/197
Trabalhador rural, 2/33, 7/136, 9/146, 9/147
Uso de EPI, 18/137
Vale-alimentação, 5/143
Verbas rescisórias, 13/29
V. Benefícios previdenciários
V. Previdência social

Aprendiz, 19/28, 151

Arbitragem, 4/169

Artista, 17/29

Assinatura digitalizada, 6/211, 10/90

Assistência social, 5/147

Associação. Liberdade, 7/182, 15/53

Autenticação de peças, 2/104, 4/91

Auxílio-doença, 9/17

Aviso-prévio, 17/35

Avulso
   Competência, 9/43
   Contribuição previdenciária, 19/169
   Horas extras, 19/74
   Reintegração, 2/36

Benefícios previdenciários
   Concessão via judicial, 18/141

Conversão, 5/152
Correção, 5/155
Estrangeiro, 21/139
Mais vantajosos, 17/160
Marido. Igualdade, 5/156
Reajuste, 18/143
Vinculação ao salário mínimo, 6/198
V. Aposentadoria e contrato de trabalho
V. Previdência social

Biossegurança, 12/121

Camelôs, 13/70

Cartórios
Adicional por tempo de serviço, 9/75
Aposentadoria, 12/107
Concurso público, 9/75

Células-tronco, 12/121

Certidão Negativa de Débito Trabalhista, 16/77

C.N.J., 20/229

CIPA
Suplente. Estabilidade, 2/40, 11/19

Comissão de Conciliação Prévia, 13/83

Competência
Ação civil pública. Meio ambiente do trabalho, 3/74
Ação civil pública. Servidor público, 9/95
Acidente do trabalho, 7/56, 9/40, 9/53, 9/55, 11/57, 15/59, 15/60
Advogado dativo, 15/62
Aposentadoria, 12/107, 12/109, 19/89, 21/44
Avulso, 9/56
Complementação de aposentadoria, 10/98, 11/52
Contribuição sindical rural, 11/55
Contribuição social, 11/29
Contribuições previdenciárias, 15/86

Danos morais e materiais, 7/57, 9/53, 9/55, 9/56
Demissão, 9/105
Descontos indevidos, 3/75
Descontos previdenciários, 3/75, 5/57
Direitos trabalhistas. Doença profissional, 6/102
Duplicidade de ações, 8/48
Empregado público federal, 7/58
Falência, 6/119
Gatilho salarial. Servidor celetista, 6/108
Greve, 17/81
Greve de servidor público, 9/110, 13/63, 16/65, 21/64, 67
Greve. Fundação pública, 11/37
Habeas corpus, 6/121, 9/58
Indenização por acidente de trabalho, 5/58
Juiz de Direito investido de jurisdição trabalhista, 6/109, 8/51
Justiça do Trabalho, 2/108, 3/74, 4/71, 10/60, 10/98, 13/77, 19/99, 101
Justiça Estadual comum. Servidor estadual estatutário, 3/79, 13/63, 19/91, 100
Justiça Federal, 5/56, 19/89, 20/163, 21/79, 82
Legislativa. Direito do Trabalho, 3/81
Matéria trabalhista, 7/56
Mudança de regime, 6/112
Penalidades administrativas, 11/57
Pré-contratação, 18/103
Previdência complementar, 17/95
Relação jurídica regida pela CLT, 5/59
Representante comercial, 16/81
Residual, 5/56, 6/91
Revisão de enquadramento, 6/114
Segurança, higiene e saúde do trabalhador, 9/71
Sentença estrangeira, 9/156
Servidor com regime especial, 12/63
Servidor estadual celetista, 3/76, 4/71, 8/45
Servidor público. Emenda n. 45/2004, 9/94, 10/95
Servidor público federal. Anterioridade à Lei n. 8.112/90, 4/72
Servidor temporário. Incompetência, 3/76, 11/114, 13/129, 16/100

Trabalho do menor, 19/91
Trabalho forçado, 19/101; 20/163
TST e Juiz estadual, 10/92

Concurso público
Aprovação. Direito à nomeação, 9/78
Ascensão funcional, 9/79
Banca examinadora, 19/113
Cartório, 9/75
Cláusula de barreira, 18/115
Direito à convocação, 3/103
Edital, 9/78
Emprego público, 4/129
Escolaridade, 8/85
Exigência de altura mínima, 3/104, 5/117
Inexistência. Reconhecimento de vínculo, 3/104
Investidura em serviço público, 4/131
Isonomia, 9/81
Limite de idade, 3/107, 9/80
Necessidade para professor titular, 3/110
Poder Judiciário. Não interferência, 19/113
Portador de deficiência, 18/115
Preterição, 5/118
Professor, 18/127
Sistema "S", 16/55
Sociedade de economia mista. Acumulação de cargo público, 5/93
Suspensão indeferida, 7/94
Tatuagem, 20/28, 21/120
Triênio, 9/116, 9/118, 9/122, 9/124, 9/126, 9/130, 9/132
Visão monocular, 21/118
V. Servidor público

Conselho Nacional de Justiça, 9/83, 14/83

Conselho Nacional do Ministério Público, 9/88, 14/101

Conselhos profissionais
Exigência de concurso público, 18/20
Ilegitimidade para propositura de ADC, 18/95

Ilegitimidade para propositura de ADPF, 18/99
Precatórios, 21/84
Regime de contratação, 19/38
SENAR, 19/40

Contadores, 15/53

Contribuição fiscal, 4/73

Contribuição social, 5/158, 6/200, 11/29, 11/119
PIS/PASEP, 20/19

Contribuições para sindicatos
V. Receita sindical

Contribuições previdenciárias, 4/73, 12/81, 14/114, 15/86, 15/88, 15/89, 16/110, 19/167, 169

Convenção n. 158/OIT, 1/31, 2/59, 5/15, 7/34, 8/17, 19/42
V. Tratados internacionais

Cooperativas de trabalho, 11/29, 13/67, 16/34, 16/110, 18/29; 20/19

Copa. Lei Geral, 18/31

Correção de débitos, 20/178, 21/85

CPC, 20/184

Crédito previdenciário, 11/121

Crime de desobediência, 9/70

CTPS, anotação, 19/70

Dano moral, 2/44, 4/33
Acidente do trabalho, 9/53, 15/59
Base de cálculo, 9/18, 9/23, 11/19
Competência. Justa causa, 9/53
Competência Justiça do Trabalho, 9/53
Competência. Justiça Estadual, 9/55
Fixação do *quantum*, 10/32, 11/21
Indenização. Descabimento, 3/20

Débitos trabalhistas, 19/48, 21/85

Décimo terceiro salário, 19/62

Declaração de inconstitucionalidade
Efeitos, 12/86
Reserva de plenário, 13/87, 15/47

Deficiente
V. Portador de necessidades especiais

Depositário infiel, 4/77, 6/212, 11/29, 12/131, 13/91

Depósito prévio. Débito com INSS, 11/65

Desaposentação, 14/111, 15/93, 20/222

Detetive particular
Anotação na CTPS. Mandado de injunção. Descabimento, 7/23

Direito à saúde, 14/114

Direito à vida, 5/192

Direito processual, 2/99, 3/69, 4/67, 5/49, 6/89, 7/49, 8/37, 9/33, 10/87, 11/47, 12/61, 13/75, 14/67, 15/57, 16/75, 17/93, 18/93, 19/87, 20/161, 21/75
Celeridade, 9/45
Prescrição. Períodos descontínuos, 3/88
Rescisória. Medida cautelar. Planos econômicos, 3/90

Direitos coletivos, 1/47, 2/67, 3/33, 4/39, 5/33, 6/39, 7/37, 8/31, 9/23, 10/57, 11/27, 12/33, 13/61, 14/47, 15/51, 16/61, 17/79, 18/79, 19/81, 20/59, 21/75
Confederação. Desmembramento, 4/49
Direito de associação, 15/51
Desmembramento de sindicato. Alcance do art. 8º, II, da CR/88, 3/64, 15/53
Desmembramento de sindicato. Condições, 3/65
Federação. Desmembramento, 4/50
Liberdade sindical, 1/49, 3/64, 4/49
Registro sindical, 1/49, 6/82
Sindicato. Desmembramento, 4/51, 15/53

Sindicato e associação. Unicidade sindical, 3/67
Superposição, 4/57
Unicidade sindical, 1,52, 2/92, 3/67

Direitos individuais, 1/15, 2/13, 3/11, 4/11, 5/13, 6/15, 7/15, 8/15, 9/15, 10/17, 11/15, 12/15, 13/17, 14/15, 15/15, 16/17, 17/17, 18/17, 19/17, 20/17, 21/19

Dirigente sindical
Dirigentes de sindicatos de trabalhadores. Garantia de emprego, 4/41, 10/64
Estabilidade. Sindicato patronal, 4/43
Estabilidade sindical. Registro no MTE, 10/68
Garantia de emprego. Comunicação ao empregador, 3/38
Limitação de número, 3/38
Membro de Conselho Fiscal. Estabilidade, 7/26

Discriminação, 7/176

Dispensa, 14/22

Dissídio coletivo
Ação de cumprimento, 19/84
Autonomia privada coletiva. Representatividade, 4/44
Convenção coletiva. Política salarial, 7/40, 9/26
"De comum acordo", 11/35, 19/83
Desnecessidade de negociação. *Quorum*, 3/43
Dissídio coletivo de natureza jurídica. Admissibilidade, 3/40
Entidade de 3º grau. Necessidade de comprovação de possuir legitimidade para propositura de ADIn, 6/49
Extinção, 19/84
Legitimidade do Ministério Público, 3/46
Negociação coletiva. Reposição do poder aquisitivo, 6/69, 9/26
Negociação prévia. Indispensabilidade, 4/46
Policial civil, 13/63
Quorum real, 4/47

Dívida de jogo, 6/214

Embargos de declaração
Erro de julgamento, 19/104
Prequestionamento. Honorários, 3/86

Emenda Constitucional n. 45/2004, 9/43, 9/45, 9/53, 9/58, 9/83, 9/88, 9/93, 9/94, 9/98, 9/102, 9/116, 9/120, 9/122, 9/124, 9/126, 9/130, 9/132, 9/156, 10/60, 10/95, 10/115, 11/35, 11/37, 11/57, 11/127, 12/47, 12/67, 12/81, 12/84, 12/117, 12/131

Engenheiro
Inexistência de acumulação, 6/19
Piso salarial, 6/20, 17/48

Empregado público, 19/114

Entidade de classe. Legitimidade, 9/33

Estabilidade
Alcance da Convenção n. 158/OIT. Decisão em liminar, 1/31, 2/59, 5/15
Cargo de confiança. Art. 41, § 1º, da CR/88, e 19, do ADCT, 1/37, 6/54
Dirigente de associação, 6/53
Extinção do regime, 5/25
Gestante, 4/28, 6/26, 8/19, 10/35, 15/17, 16/27, 16/28, 16/97
Membro de Conselho Fiscal de Sindicato, 7/26
Servidor de sociedade de economia mista. Art. 173, I, da CR/88, 1/37, 3/113, 10/35
Servidor não concursado, 10/37
Servidor público, 3/112, 7/126, 15/75
Suplente de CIPA. Art. 10, II, *a*, do ADCT, 1/32, 2/40, 3/18, 11/19

Estagiário, 2/137

Exame de Ordem, 15/105

Exceção de suspeição, 7/61

Execução
Custas executivas, 3/82
Execução. Cédula industrial. Penhora. Despacho em RE, 1/104, 2/111

Impenhorabilidade de bens da ECT. Necessidade de precatório. Despachos em recursos extraordinários, 1/106, 4/87, 5/60, 6/115, 7/60
Inclusão de empresa na execução, 21/23
Ofensa indireta à Constituição. Descabimento de recurso extraordinário, 6/117, 8/76
Prazo para embargos de ente público, 13/133,16/90
Prescrição, 14/76

Falência
Crédito previdenciário, 11/21
Execução trabalhista. Competência do TRF, 6/119

Falta grave
Estabilidade. Opção pelo FGTS. Desnecessidade de apuração de falta greve para a dispensa, 3/24
Garantia de emprego. Necessidade de apuração de falta grave, 3/26

Fax
Recurso por *fax*, 1/114

Fazenda Pública, 11/61

Férias, 6/22, 9/93

FGTS
Atualização de contas, 7/28, 18/34
Contrato nulo, 16/24, 19/66
Contribuição de 10%, 17/43
Correção monetária. Planos econômicos, 4/17
Legitimidade, 19/66
Prescrição, 18/36, 21/87

Fiador, 9/151

FUNRURAL, 21/142

Gestante
Controle por prazo determinado, 8/20, 16/27
Desconhecimento do estado pelo empregador, 16/27
Estabilidade, 15/17, 16/27
V. Licença-maternidade

Gratificação
de desempenho, 13/151
de produtividade, 6/25
direito à incorporação, 14/24
especial, 15/69
pós-férias, 10/39

Gratificação de Natal
Incidência da contribuição previdenciária, 2/48

Gratuidade, 10/102, 21/88

Greve
Abusividade, 2/78, 3/50
Acordo de compensação, 20/117
Advogados públicos, 12/35
ADIn. Perda de objeto, 7/41
Atividade essencial. Ausência de negociação, 2/81
Competência, 17/99
Defensor Público, 18/81
Descontos, 20/117
Fundação pública, 11/37
Guarda municipal, 21/64
Interdito proibitório, 21/66
Mandado de injunção, 7/41
Médicos, 17/81
Metalúrgico, 21/66
Multa, 2/84, 5/40
Ofensa reflexa, 5/39
Peritos do INSS, 20/148
Polícia civil, 12/54, 13/63, 17/85, 18/83, 21/67
Polícia militar, 19/122
Professor, 17/86, 17/87
Regulamentação, 19/121
Servidor Público, 2/90, 6/59, 7/41, 9/110, 10/69, 12/35, 12/39, 12/54, 14/51, 14/56, 14/60, 16/65, 18/84, 19/121

Grupo econômico, 21/23

Guardador de carros, 17/46

Habeas corpus, 4/77, 6/121, 9/58, 21/103

Habeas data, 5/194

Homossexual, 7/177, 10/186, 15/98

Honorários
Advocatícios, 13/98
Periciais, 18/108

Horas extras, 13/3, 18/37, 19/74, 20/21

Horas *in itinere*, 21/25

Idoso, 11/60

Imunidade de jurisdição, 1/40, 6/123, 7/67, 8/58, 13/99, 17/113, 17/129, 17/134, 21/91

Indenização, 14/22

Infraero, 8/22
IPC de março/90. Incidência. Poupança, 5/195
Julgamento. Paridade, 7/90

Instrução Normativa n. 39/TST, 20/184

Juiz classista, 7/93, 7/105, 7/137

Juros
Taxa de 0,5%, 11/61
Taxa de 12%, 3/121, 4/71, 9/60

Justiça Desportiva, 12/97

Justiça do Trabalho
Competência, 2/108, 3/74, 4/71, 9/53, 9/58, 9/71, 15/62, 17/99
Composição, 4/80
Desmembramento, 4/85
Estrutura, 4/80
Lista de antiguidade, 7/106

Presidente de TRT, 5/197
Servidor estadual celetista, 19/99
V. Poder normativo da Justiça do Trabalho

Legitimidade
Central sindical, 5/35
Confederação sindical, 4/59
Entidade de classe, 9/25
Sindicato. Legitimidade ativa, 4/60, 7/45

Liberdade sindical, 1/49, 21/57
Desmembramento de sindicato. Alcance do art. 8º, II, da CR/88, 3/64, 3/65, 4/49, 4/50, 4/51, 4/57, 6/67, 9/30, 11/44, 15/53
V. Sindicato
V. Unicidade sindical

Licença-maternidade, 2/50, 15/19, 16/97, 20/224
Acordo coletivo, 5/23
Contrato por prazo determinado, 16/27
Fonte de custeio, 4/31
Gestante. Estabilidade. Ausência de conhecimento do estado gravídico. Comunicação, 4/28, 6/26, 8/19, 15/19, 16/27
Horas extras, 6/30
Mãe adotiva, 4/32, 6/32, 18/53, 20/224
Valor, 7/132

Licença-prêmio, 21/82, 116

Litigância de má-fé, 5/63

Magistrado
Abono 10/118, 21/101
Adicional por tempo de serviço, 7/108, 10/129, 17/149
Afastamento, 8/89, 21/103
Aposentadoria. Penalidade, 9/90
Aposentadoria. Tempo de serviço, 9/91
Docente. Inexistência de acumulação, 8/90, 9/92
Férias coletivas, 9/93
Idade, 19/128

Justiça desportiva, 12/97
Licença-prêmio, 21/116
Parcela autônoma de equivalência, 7/109
Promoção por merecimento, 8/99, 17/153
Reajuste de vencimentos, 8/103
Redução de proventos, 10/133
Remoção, 18/126
Responsabilidade civil, 7/122
Tempo de serviço, 9/91, 17/149
Triênio, 9/116, 9/118, 9/120, 9/122, 9/124, 9/126, 9/130, 9/132
Vencimentos, 6/183

Mandado de injunção coletivo. Legitimidade, 6/133

Mandado de segurança coletivo, 8/77, 15/63

Médico
Abandono de emprego, 16/10
Jornada de trabalho, 8/104, 19/130
Programa Mais Médicos, 17/53

Medidas provisórias
ADIn. Reedição. Aditamento à inicial, 3/125
Reedição de Medida Provisória, 2/165
Relevância e urgência, 3/124

Meio ambiente, 10/182, 18/55, 21/28

Menor, 19/91

Ministério Público
Anotação em CTPS, 19/70
Atuação no STF, 13/131, 13/132
Exercício da advocacia, 14/101
Filiação partidária, 10/139
Interesse coletivo, 6/134
Interesses individuais homogêneos, 7/43

Legitimidade. Ação coletiva, 10/103
Legitimidade. Contribuição assistencial, 8/33

Motorista, 20/21

Músicos, 15/21, 18/19

Negativa de prestação jurisdicional. Ausência, 5/70

Negociação coletiva
Governo estadual. Inconstitucionalidade, 15/55
Reposição de poder aquisitivo, 6/69, 7/40, 9/26
Ultratividade, 20/61, 21/72
V. Dissídio coletivo

Norma coletiva
Alcance, 2/69
Invalidade, 20/156
Não adesão ao contrato de trabalho, 11/40
Política salarial, 7/40
Prevalência sobre lei, 5/37
Reajuste, 3/53

Ordem dos Advogados, 10/141, 15/105

Organização internacional
Imunidade de execução, 10/104, 17/134
Imunidade de jurisdição, 13/99, 17/134, 21/91

P.A.C., 17/137

Pacto de São José da Costa Rica, 7/183, 11/127, 11/129, 11/134, 12/131
V. Tratados internacionais

Participação nos lucros, 12/19

Pensão alimentícia, 19/173

P.D.V., 17/58

Plano de carreira, 21/33

Planos econômicos
FGTS. Correção monetária, 4/17
Rescisória. Medida cautelar, 3/90
Violação ao art. 5º, II, da CR/88, 1/17

Poder normativo da Justiça do Trabalho, 6/70
Cláusulas exorbitantes, 10/71
Concessão de estabilidade, 1/76
Conquistas, 1/77
Limitações, 1/74
V. Justiça do Trabalho

Policial civil, 20/195, 21/67

Policial militar, 9/20, 18/67, 19/122

Portador de necessidades especiais, 6/35, 21/118

Precatório, 1/106, 2/112, 4/87, 4/96, 5/60, 5/72, 6/145, 7/60, 7/169, 9/62, 11/63, 12/89, 21/84
Art. 100, § 3º, da Constituição, 6/145, 11/63
Autarquia, 9/62
Correção de cálculos, 8/67
Crédito trabalhista. Impossibilidade de sequestro, 5/72
Instrução normativa n. 11/97-TST. ADIn, 5/75, 7/69
Juros de mora. Atualização, 8/68
Juros de mora. Não incidência, 7/80
Obrigação de pequeno valor. Desnecessidade de expedição, 5/77, 7/71, 9/63
Sequestro, 6/147, 6/148, 7/74, 8/69, 8/71, 8/72, 9/65

Prefeito e Vice-prefeito
Férias, 13º salário, representação, 15/71

Preposto, 7/85

Prequestionamento, 2/123, 5/79, 6/157, 7/87

Prescrição
Efeitos, 7/88

Execução, 14/76
Extinção do contrato de trabalho, 6/158
Ministério Público. Arguição, 4/100
Mudança de regime, 4/136
Períodos descontínuos, 3/88
Regra geral, 6/160, 10/108
Trabalhador rural, 4/102
V. FGTS

Prestação jurisdicional, 2/125

Previdência Complementar, 17/95

Previdência Social, 3/127, 4/173, 5/135, 6/185, 7/129, 9/135, 10/165, 11/117, 12/105, 13/149, 14/109, 15/77, 16/105, 18/135, 19/149, 20/193, 21/133
Anulação de aposentadoria, 15/79
Aposentadoria. Complementação. Petrobras, 4/173
Aposentadoria. Férias não gozadas. Indenização indevida, 3/127
Aposentadoria voluntária, 8/114
Assistência social, 5/147
Auxílio-alimentação. Extensão a aposentados, 3/130, 5/143
Benefícios. Impossibilidade de revisão, 3/128, 4/175, 5/152
Benefícios mais vantajosos, 17/160
Cálculo de benefícios, 7/139
Contribuição. Aposentados e pensionistas, 4/177, 5/158, 8/121, 13/154, 15/81
Contribuição para caixa de assistência, 15/81
Direito adquirido. Aposentadoria. Valor dos proventos, 4/178
Gratificação de Natal, 5/135
Trabalhador rural. Pensão por morte, 3/130
União homoafetiva, 15/98
V. Aposentadoria e contrato de trabalho
V. Benefícios previdenciários

Prisão civil, 7/183
Agricultor, 11/127
Depositário infiel, 4/77, 6/212, 11/129, 12/131

Devedor fiduciante, 11/127, 12/131
Leiloeiro, 11/129

Procedimento sumaríssimo, 4/104

Procuração *apud acta*, 4/106

Professor, 12/21, 15/35, 15/96, 19/123, 21/144

Profissional liberal, 16/34

Programa Mais Médicos
Ver Médico

Providências exclusivas. Pedido esdrúxulo, 6/226

Radialista, 21/35

Radiologista, 14/38, 15/45

Reajuste salarial. Inexistência de direito adquirido, 3/29

Receita sindical
Cobrança de não filiados, 3/59, 6/82
Contribuição assistencial. Despacho em recurso extraordinário, 1/69, 3/56, 5/42, 5/44
Contribuição assistencial. Matéria infraconstitucional, 8/33
Contribuição assistencial. Não associados, 9/28, 21/57
Contribuição assistencial patronal, 10/60
Contribuição confederativa aplicável para urbanos, 1/67
Contribuição confederativa. Autoaplicabilidade, 2/95, 2/96
Contribuição confederativa. Não associados, 7/39, 21/58
Contribuição confederativa para associados, 1/66, 6/82
Contribuição confederativa programática para rurais, 1/68, 6/83
Contribuição sindical. Competência, 12/84
Contribuição sindical. Extinção, 21/60
Contribuição sindical para servidores públicos, 1/72
Contribuição sindical patronal. Empresas inscritas no *Simples*, 3/62
Contribuição sindical rural, 5/44, 6/85, 11/55, 21/62, 21/142
Contribuição social, 5/158

Reclamação criada em Regimento Interno, 12/91

Recuperação de empresas, 11/23, 13/33

Recurso administrativo em DRT. Multa, 3/132, 4/179, 15/65

Recurso de revista
Cabimento, 8/75
Pressupostos de admissibilidade, 5/86

Recurso extraordinário
Cabimento, 2/130, 4/108
Decisão de Tribunal Regional, 9/68
Decisão interlocutória, 9/67
Descabimento, 4/109, 6/162, 9/67, 9/68
Prequestionamento, 4/109
Violação do contraditório, 4/122

Recurso impróprio, 8/76

Redutor salarial, 14/100

Regime jurídico único, 12/101

Registro
Profissional, 15/61
Público, 9/70
Sindical, 1/49, 8/35, 14/49, 16/63

Reintegração, 19/114

Repouso semanal remunerado
Alcance do advérbio *preferentemente*. ADIn do art 6º da MP n. 1.539-35/97. Art. 7º, XV, da CR/88, 1/29

Responsabilidade do Estado, 8/164

Responsabilidade subsidiária, 7/89, 14/41, 16/39, 16/45, 16/50, 17/65

Salário-família, 16/98

Salário mínimo, 2/55, 3/11, 19/173
ADIn. Omissão parcial. Valor, 7/19
Dano moral. Indenização, 4/33
Engenheiro, 17/48

Fixação por decreto, 15/37
Multa administrativa. Vinculação, 4/34
Pensão especial. Vinculação, 4/35
Salário mínimo de referência, 5/29
Salário mínimo. Vinculação, 12/17, 19/173
Salário profissional. Vedação. Critério discricionário. Aplicação da LICC, 4/36
Radiologista, 14/38, 15/45
Vencimento, 5/130
Vencimento básico. Vinculação, 4/37

Segurança, higiene e saúde do trabalhador, 9/100

Segurança pública, 8/164

Seguro-desemprego, 19/72

SENAR, 19/40

Sentença
Críticas à, 14/71
Estrangeira, 9/156

Serviço militar. Remuneração, 12/27

Serviço público
V. Servidor público
V. Concurso público

Servidor público
Abono de permanência, 19/109
Acumulação de vencimentos, 6/167, 10/151
Admissão antes da CR/88, 2/139
Admissão no serviço público. Art. 37, II da CR/88. Despachos em recursos extraordinários. ADIMC da Medida Provisória n. 1.554/96, 1/91
Admissão sem concurso, 9/35
Advogado público, 20/189, 21/97
Agências reguladoras. Pessoal celetista. ADIn, 5/95
Anistia, 2/153, 2/155

Anuênio e Licença-prêmio, 3/101
Art. 19 do ADCT, 2/163, 8/88
Ascensão funcional, 9/79
Cálculo de vencimentos, 13/140
Competência da Justiça do Trabalho, 4/71, 4/72
Competência da Justiça Federal, 9/94
Concurso Público, 2/148, 3/103, 6/170, 7/94, 8/85
Contraditório, 10/154
Contratação, 11/76
Contratações e dispensas simultâneas, 3/112
Contribuição social, 5/158
Demissão, 9/105
Desvio de função, 5/122, 9/106
Direitos trabalhistas, 16/100
Engenheiro florestal. Isonomia. Vencimento básico. Equivalência ao salário mínimo, 6/171
Estabilidade. Emprego público. Inexistência, 8/87
Estabilidade independentemente de opção pelo FGTS, 3/112, 3/113
Estabilidade. Matéria fática, 7/126
Estabilidade sindical, 5/123, 10/68
Exame psicotécnico. Exigência, 6/176
Exercício da advocacia, 14/101
Férias, 13/139
Gestante, 16/97
Gratificação, 9/109
Greve, 1/86, 2/90, 6/59, 7/41, 9/110, 11/78, 12/35, 14/51, 14/56, 14/60, 16/65
Idade, 9/80, 19/128
Inativos, 7/103, 7/118
Incompetência da Justiça do Trabalho. Art. 114, da CR/88, 1/101, 7/156
Indenização, 19/137
Inexistência de efetividade no cargo, 3/114
Isonomia, 9/81
Jornada de trabalho, 13/143, 19/130
Limite de vencimento, 18/133
Mandato sindical, 18/88
Matrícula em universidade, 18/130

Médico, 8/104, 16/30, 19/130
Mudança de regime, 4/136, 5/125, 10/140
Nomeação, 9/78, 19/137
Ocupante de cargo em comissão, 3/115, 13/139
Oficial de Justiça, 13/143
P.I.P.Q., 7/118
Prestação de serviço. Administração Pública. Art. 19 do ADCT, 4/139
Promoção, 10/146
Quintos e décimos, 10/154
Reajuste de vencimentos de servidores públicos. Art. 39, § 1º, da CR/88, 1/85
Reajuste por ato administrativo, 7/120
Reajuste salarial, 10/159
Regime jurídico único, 12/101
Reintegração, 18/118, 19/114
Remuneração, 19/137
Reserva legal, 5/127, 9/112
Responsabilidade civil do Estado, 6/177
Salário-família, 16/98
Serventuário de cartório, 4/142, 9/75
Servidor municipal celetista. Aplicação do art. 41 da CR/88, 3/115
Servidor temporário, 7/128, 9/111, 12/65, 16/100
Sociedade de economia mista. Acumulação de cargo público, 4/144, 5/128
Tatuagem, 19/138, 20/28, 21/120
Tempo de serviço, 6/178
Tempo de serviço. Adicional por tempo de serviço. Atividade privada, 2/160
Tempo de serviço rural, 7/136
Temporário, 9/111, 11/114, 13/129
Teto constitucional, 19/137
Transferência, 18/130
URV, 4/146
Vantagem *sexta-feira*, 6/181
Vencimentos de magistrados, 6/183
Vencimentos. Publicidade, 19/141
V. Concurso público

Sindicato
  ADIN, 19/85
  Associação sindical, 14/49
  Cadastro sindical, 16/63
  Desmembramento, 11/44
  Legitimidade. Relação jurídica. Integração profissional, 7/45
  Limite de servidores eleitos, 7/45
  Representatividade, 9/30
  Registro sindical, 18/89
  Serviços a terceiros, 5/47
  Verbetes do TST, 17/90
  V. Liberdade sindical
  V. Registro sindical
  V. Unicidade sindical

Sistema "S", 16/55

Subsídios, 7/98

Substituição processual
  Alcance, 1/55, 7/46, 10/75
  Desnecessidade de autorização, 1/62
  Empregados de empresa pública, 1/64
  Legitimidade, 2/98, 7/46
  Servidores do Banco Central do Brasil, 1/65

Suspeição, 7/61, 20/229

Súmulas do STF, 7/143, 12/135, 13/159, 14/123, 15/137, 16/125, 17/163, 18/149, 19/174

Sustentação oral, 6/164, 7/53

T.R., 20/178

T.C.U., 19/109, 151

Tatuagem, 19/138, 20/28, 21/120

Terceirização, 15/47, 16/39 16/45, 16/50, 17/65, 18/70, 21/41, 21/46, 21/48

Testemunha litigante, 2/131, 3/94, 4/124

Teto constitucional, 21/129

Trabalhador rural
Contribuição, 9/146
Funrural, 9/146
Menor de 14 anos, 9/147
Tempo de serviço, 9/147, 13/53

Trabalho artístico, 19/91

Trabalho forçado, 10/40, 13/51, 16/57, 17/74, 19/101, 20/163

Trabalho intermitente, 21/52

Transcendência, 11/67

Tratados internacionais
Competência para denunciar, 7/34
Hierarquia, 2/59, 12/131
V. Convenção n. 158/OIT
V. Pacto de São José da Costa Rica

Tributação, 10/171

Triênio de atividade jurídica
Liminar concedida, 9/116
Liminar negada, 9/120

Turnos ininterruptos de revezamento
Intervalo. Art. 7º, XIV, da CR/88, 1/23, 2/64, 3/30, 5/30, 6/38, 8/26

Ultratividade, 20/61, 21/72

Unicidade sindical, 1/52, 2/92, 3/67, 10/76, 10/84, 11/44
V. Liberdade sindical

URV, 4/146

Vale-refeição
Reajuste mensal, 8/28
V. Auxílio-alimentação
V. Previdência Social

Vale-transporte
Pagamento *in pecunia*, 14/116

Vigilantes, 13/59

Violação ao art. 5º, n. II, CR/88, 1/17

LOJA VIRTUAL
www.ltr.com.br

E-BOOKS
www.ltr.com.br